문학과지성 시인선 627

비신비

백은선 시집

문학과지성사

문학과지성사에서 펴낸 백은선의 시집

가능세계(2016)
도움받는 기분(2021)

문학과지성 시인선 627

비신비

펴낸날 2025년 11월 7일

지은이　백은선
펴낸이　이광호
주간　이근혜
편집　최은지 김필균 허단 유소진 유하은 조아혜 김다연
마케팅　이가은 허황 최지애 남미리 맹정현
제작　강병석
펴낸곳　㈜문학과지성사
등록번호　제1993-000098호
주소　04034 서울 마포구 잔다리로7길 18(서교동 377-20)
전화　02)338-7224
팩스　02)323-4180(편집) / 02)338-7221(영업)
대표메일　moonji@moonji.com
저작권 문의　copyright@moonji.com
홈페이지　www.moonji.com

ⓒ 백은선, 2025. Printed in Seoul, Korea

ISBN　978-89-320-4473-6　03810

이 책의 판권은 지은이와 ㈜문학과지성사에 있습니다.
양측의 서면 동의 없는 무단 전재 및 복제를 금합니다.

이 책은 경기도, 경기문화재단의 지원을 받아 발간되었습니다.

문학과지성 시인선 627

미신비

백은선

시인의 말

나 어렸을 때 매일 기도했지. 진짜 엄마 아빠가 날 데리러 오게 해달라고. 그러나 그들은 날 찾지 않았어.

난 버려졌어

흘러내리는 은빛

누가 날 갖길 원할까?

2025년 11월
백은선

비신비

차례

시인의 말

1부

소녀 경연 대회 9

비신비 15

침묵의 서(書) 20

노래는 빛 22

세계의 배꼽 24

뽀 29

말 없는 애인 36

빛과 놀기 38

데스노트 43

나에게 밤을 주세요 46

I'm Finally a Ghost 54

청명 56

2부

누가 내 무엇을 가져갔는데 나는 그게 뭔지 모른다 59

마법의 영역 72

바닥을 치우는 방법 76

21세기식 사랑 80

세계의 배꼽　81
세계의 배꼽　103
샤갈의 눈 내리는 마을　105
빈칸　108
비신비　110
네 잘못이 아니야　112
메커닉 로맨스　116

3부
나비 안기　121
인간은 신의 알레고리　123
임진각에서　156
지옥 체험관　158
역할 놀이　163
사랑의 이름　167
아주 느슨한 시　171
프랙털　177
꿈의 노래　182
일그러진 세계의 반영　183
기도　187
목격자　192

4부
비신비　197
의미 없는 삶　200
사랑하는 머리　209

영원을 발음할 수 없게 된 다음부터 인간은 자라나기 시작한대 216
망각의 코트(court) 221
불행 중독 224
눈보라의 나날 226
태양은 비누를 주조하는 커다란 솥 229
기쁨을 빚어 만든 231
완벽한 투명 234
노래를 듣는 사람 238
무간나락(無間奈落): 영원한 겨울 242

발문
가이드·김승일 248

1부

소녀 경연 대회

1

아름다움에 눈뜨며
생기는 불행이 소녀들에게는 있지

주름진 레이스를 짓밟으며

나 기다렸어
오늘이 도래하길
영원히 길어지는 잠 속에서
필름이 타오르길

미래

차가운 빨래를 주무를 때마다
떠오르는 이름
손을 잡고 빙글빙글 돌고 있는
소녀늘

우린 자꾸 한 명씩 사라지고
한참이 지나 깨닫지
소녀의 재귀대명사는 숲
나는 비밀 노트에 적고

종이를 찢어 나무 밑에 묻었다
돌아올 때까지는
유효한 거라고

2

깨진 유리 조각 위에서 텀블링을 연습해
절벽에서 추락의 포즈를 연구해
다른 순간에도 같은 창백일 수 있어서
우린

침대에 누워 생각하지
바다를 떠다니는 배라고

천장은 금세 별이 흐르는 하늘이 되고
옆 침대의 빨강이 쏟아지는
꿈을 반복적으로 꾸었다

식사 시간 작은 종지 두 개
하나는 밥 하나는 언제나 채소 반찬
선생님은 그걸 준비라고 가르쳐주었다
무엇에 대한 준비?

술래잡기 중
하나둘씩 풀썩
쓰러지는 소녀들

며칠째 누워 있는 애들도 있는데
난 너무 무서워서 침대 사이를 돌아다니며
작은 가슴에 귀를 대보았다
두-근 두-근
작은 새가 벽을 쪼는 소리가 들려
구슬픈 음악이 들려

미래 언니는 재작년 겨울에 사라졌다
입김을 불어 창문에 눈사람을 그렸던 날
눈 녹듯 사라졌다

언니 나 아직 발성 연습 중인데
목소리를 찾지 못했는데
다음 가사를 다 까먹어버렸는데

3

방문의 날에만 입을 수 있는 옷이 있다
하얀 드레스 빨간 리본
레이스의 물결

그리고 눈 감고 합창하기
난 다 안다 어떤 게 누구 목소리인지

미래

생각할 때마다 입속에 침이 고이는 이름

목소리를 찾지 못하게
악보를 전부 가져간 거야?

몇 달째 누워만 있던 애가 결국
부푼 빨강이 되어서
운구 행렬을 따라 걸으며

갈림길에서 나
어느 쪽으로
머리를 누이면 좋을까
나도 사라질까

완성되는 순간
허물어지는 아름다움

오늘 밤 꿈속에선 무얼
무너뜨릴까

뒤집힌 치마/노래가 완성되면/거꾸로의 세계에서
침묵을 배운다는 거/진짜 좆같아

비신비

섬망의 짝인 구름이 흘리고 가는
기억을 모아

창이 없는 집을 짓고

빈 벽에
물을 안다고 적는다

단지 모든 것을 보려 했던 게 죄라면
이것은 벌인가

차가운 네 발이 다리 사이로 파고들면
나는 웃곤 했다

차가워 너무 차가워서
나는 나무가 되어 잎사귀를 우수수 쏟아냈는데
장면 속에서 파란 물을 열고
걸어 나오는 슬픔의 얼굴이
너무 아름다워서

이런 게 행복인가?
자꾸만 되물어보았다

꾸벅꾸벅 졸며 차창에 머리를 기댄 과거가
밤중에 예고도 없이 찾아오면
그래

나는 조미김과 아몬드를 꺼내 술상을 차렸고
이미 다 살았는데
처음부터 다시 사느라고

힘이 들어

작은 집이 더 작아질 때
물 위에 물을 끼얹고
죽은 사람에게 자꾸 전화를 했다

보고 싶어

보고 싶어서
그런 마음은 어떻게 해야 사라지는 걸까

몇 달 후 없는 번호라는 말 대신
통화 연결음이 들렸고
전화기를 떨어뜨렸다

여보세요
여보세요

영원과 순간은 한날한시에 태어난 쌍둥이라는 걸
이해하지 못해서
빛이 하는 게임에 모든 걸 걸고
파산하기를 반복했다

공중에 새를 풀어놓으면
시작되는 영화가 있어
세상 모든 영화의 마지막 장면만 모아놓은

나는 깨끗하다
말하곤
엉망이 된 손으로 흙을 파헤쳤다

나는 구덩이에 빠져 허우적거리는 어린 나를 보고 있었다
어떻게든 꺼내려고 안간힘 쓰며

앞발 뒷발 흔들리는 나무들
흐르고 흐르는 새들의 침묵

청순이 한 세기를 다 삼키고
비명이 생을 완창하면
빠져나오는 슬픔의 기차가 있어서

앞면과 뒷면이 구별되지 않는
단정한 시절

별표 세 개

조금씩 빠져들며
조금씩

다신 볼 수 없다는 것을
도무지 이해할 수 없었다

침묵의 서(書)

 태어나기 전부터 줄곧 봐왔던 것. 나의 출처. 어둠에 몸을 담그고 나는 비좁게 떨고 있었죠. 검은 엄마가 검은 손으로 검은 쌀을 씻어 검은 밥을 지어 주었어요. 밤냄새가 났고 피맛이 났어요. 내 살을 씹는 맛.

 한 번도 본 적 없는 것들은 상상할 수도 없어, 온통 어둠뿐인 불 속에서 나 흐르는 꿈을 꾸었죠. 세계의 모든 검정이 흐느끼며 반짝이는. 거울 심장 가위 모자가 한데 어울려 춤을 추면 노래가 시작되고 나는 웃고 또 웃느라 시간이 멈춘 줄도 몰랐죠.

 엄마와 옷장 속에 누워 잠들 때마다 심장을 움켜쥐던 검정의 귓속말을 어떻게 내가 잊겠어. 깨어나 그림자를 꺼내 입을 때, 앞도 뒤도 없는 양면 종이 같은 이 납작한 어둠. 매일이 같아서 새로워지는 세계에 대해 어떻게 증언할 수 있겠어.

 비스듬히 쌓인 돌탑의 끈질긴 균형을 누가 다 알 수 있나요. 엄마, 엄마 하면 생겨나는 흙냄새 밤이 타는 하늘의

냄새 속에 있었던 사람만 아는 질서. 비밀의 무게에 복무한다는 게 얼마나 무거운지. 두 손이 빨갛게 부풀어 펑 터질 것 같은 단단한 침묵.

결국 나를 여기까지 끌고 온 건 첫 문장인데, 아무도 기억하지 못해서 발목까지 환해지는 간지러움. 언젠가 돌아갈 거라고 믿어서 삶이 전부 기다림이었다고 하면 믿을래요? 말도 안 되는 절망을 내내 노려보고 있었다고. 그걸 다 보느라 평생이 지나갔다고.

지금도 거느리고 다녀요. 등 뒤에 매달린 그림자. 시간의 입구이자 영원의 출구. 가리키면 투명하게 사라지는. 난 그걸 뭐라고 부를까 골몰하다가 문득 검은 손을 빨며 놀던 밤이 생각나면 사무치게 그리운 게 있어요. 나조차 믿을 수 없는 마음, 그 지옥이 사람을 내내 세워놓을 수 있다는 게 믿겨요? 엄마?

노래는 빛

 노래는 빛, 빛의 자리에서 텀블링 파란 바람 빨간 바람 검은 바람 뒤섞여 만들어내는 파도. 뿌리 뽑힌 나무가 공중에서 흔들리고 진아야, 세계는 손안에 맺힌 작은 땀방울이야. 그게 떨어지면 우리는 간다. 노래는 빛, 울음을 꿰매 한 다발의 바다를 만들고 그 안에서 헤엄치는 우리의 목소리. 나무가 잊은 꿈이야. 철의 장막 뒤 영원히 시작되는 무수한 첫 문장이야. 질질 발을 끌며 횡단보도를 건너는 너. 초록불이 깜박이고. 노래는 빛, 머리채를 당겨 묶은 8월의 나무들. 올려다보렴. 비처럼 흙이 쏟아질 때. 파란 바람 빨간 바람 검은 바람. 빈손을 허우적거리는 파도 파도 파도. 네가 태어나던 날에는 빨간빛이 하염없이 땅을 두들겼는데, 심장박동처럼 무수한 시간 속에서 천천히 느려지는 리듬. 누구도 눈치채지 못한 세계의 호흡. 항아리 안에는 사람들이 숨어 있고 우린 거기 끓는 기름을 쏟아붓는 걸 가장 좋아했지. 노래는 빛, 벌어진 일과 꿈을 구별하는 건 어려운 일. 검지로 손바닥을 꾹 눌러보는 날들. 파헤쳐진 자리엔 언제나 돌이 있었고 온도를 기억하려고 피부를 사용하곤 했지. 바다의 가장 깊은 곳에는 온통 돌고 있는 회전문. 천 개의 입구.

어디로 이어지는지는 아무도 모르지. 진아야, 언젠가 너를 우주에 두고 데려오지 않은 것, 미안해. 노래는 빛, 노래는 너, 너는 흙 속에 묻혀 조금씩 낮아지는.

세계의 배꼽
―생일 편지

나의 죽은 아이는 배꼽의
작은 흉터 속에서 산다

배꼽은 모든 인간이 시작되는 우물인데
거기서 끝장나는 것도 있다

잊으려 애쓸 때마다 가려워지는 빨간 흉(凶)
(입 벌릴 감 속에 다섯 오)
깊어지는 물속을 영원히 서성이는 오행의 비극

거기서 끝나버린 것

어쩌면
어쩌면

가끔 드뷔시를 듣는다 드뷔시는 부서진 유리가
아닌
부서지는 유리 같다

아이와 티브이를 보는데 한 시각장애인이 자신이 보는
세계를 색연필로 그려 보여주고 있었다

360도 온통 은빛
가장 앞에 진한 은빛
가운데에는 핵처럼 검은 것

검은 구멍을 주홍빛 테두리가
감싸고 있다고 했다

(와장창 아름답게 쏟아지는 삐침별 ♪♪♪ 세계를 더듬는 불가능의 가능태)

삼키는 눈물은
어디로 가?

아이가 물을 때

몸속으로 돌아가서 피가 된다 피가 돼서 영영 몸을 도

는 거다 그런 말을

내가 보는 것을 당신이 볼 수 있다면 얼마나 좋을까
그냥 보여주고 싶어요 정말
그런 말을

살아서 숨을 쉬는 백 년짜리 기계로
방수 처리된 피부와 쉬지 않는 박동으로

진실 없는 거짓은 성립되지 않으므로
모든 것을 믿었다

나무는 천천히 죽어간다

이 널은 끝없이 좁아지고 있어요

하얀 막대 검은 막대를 손가락으로 두들기면
쏟아지는 파도

[파(波)물의 가죽: 바다는 안과 밖을 뒤집을 수 없는 혹은 뒤집어도 동일한 세계의 배꼽]

그런 것은 믿을 수 없다
어쩌면
어쩌면

내 몸 어딘가에 종료 버튼이 있어서
그것을 길게 누를 수 있다면

지하철 승강장에 서서
그런 생각을 했다

두둥 두둥, 두근대며 다가오는 은빛 막대의 아름다움
쇠가 부딪히는 소리

누군가 내 등을 세게 밀어줬으면 좋겠어요
아무도 읽지 못하는 빛이 되어 아아아아
무한히 반사되고 싶어

가끔은 앞장서서 걷기보다 묵묵히 뒤따라 걷는 게
더 낫다고

드뷔시를 들을 때마다 릴리슈슈의 모든 것*이 떠올랐고
아파서

망각은 얼마나 큰 축복인가 그러나
축복은 얼마나 한정적인가

축(祝)
축복과 저주는 같은 나무에서 시작된 하나의 가지
세계는 유령처럼 열린 작은 입술
세계는 나선으로 늘어선 거울 속

표정 그리고 표정

우리가 믿은 모든 것

* 이와이 순지의 영화.

뾰

있잖아, 어두운 터널을 건너본 적 있어?
귀가 흠뻑 젖을 때까지
속력과 명암을 견디며

나는 있다

스스로의 이름을 잊어버릴 때까지
건넌 적

뾰

입술을 꿰매주는 가게를 찾느라

세계에서 단 한 곳
간판도 없고 주소도 없는

운이 좋으면 서비스로 귀를 닫는 시술을 해주기도 한다지
연필처럼

외로워질 수 있다고

옛 애인이 얘기해준 적 있어

<u>뽀뽀</u>

세상에서 가장 자유로운 돌고래
사랑하는 모든 것

종탑에 서서 광장을 내려다보면
저절로 알게 되는 게 있어

사랑 자유 박애 평등

넓은 등에 손가락으로 쓴 편지

천천히 걸어 들어가
눈치채지 못하게

섞이는 거야

군중 속으로

뵀
뵀
뵀

아무것도 발생하지 않는 섬과 바다
사랑스러운 돌고래들

몇 년이나 헤매고 나서 찾았어
입과 귀의 모든 것
위로는 젬병이라 차라리
잘라버리고 싶었던 것들

남은 평생 단 하나의 단어만 말할 수 있다면
뭘 선택할래?
언젠가 네가 물었고

난 눈을 감은 채

응
하고 답했지

응

                *

지하 세계는 축축하고 어두웠어
사방에서 울리는 고동이
온몸을 벌벌 흔들고

천장이 너무 낮은 곳에서는
며칠 동안 기어다녔다

숨을 쉬기 어려울 때는
생각했어

봤

아무 의미도 없는
그림자를

마침내 눈에 익은 모든
윤곽과 슬픔을

그러고 보니 전 생애가
뒷걸음질뿐이었다고

진동
진동
진동
진동
머리끝부터 발끝까지 훑고 지나가는
울림
누군가 커다란 혀로 나를 핥고 있는 것 같다고
무얼 찾아, 무얼 찾아 이토록 먼 길을

*

잘린 나무 골목을 돌아
검은 돌을 지나면

탈색된 세계가 있다

1년 내내 불을 밝히는
작은 오두막에 있다

두고 온 것들

변명이라는 말을 듣기 싫어서
말한 적 없는
잘리고 잘리고 잘리고 잘리고 잘린
나의 손목 수천 개가

뾰뾰뾰

바람개비처럼 꽂혀 흔들린다

   △ △ △ △ △ △ △
△ △ △ △ △
    △ △ △ △ △ △ △ △
△ △ △ △

돌고래가 그려진
커다란 네 등 위에

나는 있다

말 없는 애인

 창틀에 앉은 새 몰랐던 것을 사랑하기에 사위가 어둠으로 뒤덮이고 물은 아래부터 솟아오른다 찌극찌극 우는 작고 노란 새 숲은 너무나 먼데 종지에 물과 쌀을 담아 베란다로 나가자 날아갔다 이젠 아무도 필요치 않은 것을 둘 자리가 필요해서

 광화문 언덕을 지나 카페에 들어가면 잠깐 숲을 오해하기 좋았다 그게 자꾸만 나를 이끌었고 언젠가는 모든 날이 비로 채워지리라 그럼 새들은 어디에서 안식을 찾을까 벽들이 벽의 단호함으로 세계를 구성하기 시작한 뒤부터 나는 점점 많은 말을 하게 되었다 이기려고 무엇을?

 이름이 있었다 불리기 전부터

 노래가 시작된 곳이 그 작은 몸속 몇 밀리미터의 심장이라는 게 너무 이상해서 나는 눈물을 흘렸다 한쪽 눈은 달콤한 눈물 한쪽 눈은 검은 눈물이 흐른다면 좋을 텐데 계절 속에서 부풀어 오르는 차가운 손들이 일시에 흔들릴 때

말을 잃고 기절한다면 어떨까

이름 모를 소녀, 너는 잠깐 새가 되어 꿈을 꾸었다 초록초록초록 하고 섬을 비행하는 꿈

나는 집에 돌아오면 곧장 베란다로 가 물과 쌀을 살피는 게 일과가 되었다 가끔 콕콕 찍힌 자국이 있을 때마다 세상은 거울처럼 1초씩 빛났다

빛과 놀기

그네 아래 흔들리는 그림자

빙글빙글 돌고 있는 나뭇잎

혼자라고 느껴질 때마다
두 손을 봐

*

눈 속에 너를 묻을 때

너는 가장 아름다운 사물

*

몇 번이나 노란 튤립을 사서 너를 찾아갔던 일

창백을 끌어안고 등 돌린 네가
가늘고 긴 실을 온몸에 매달고

내게 했던 부탁이 생각나

*

창밖에 벽이 있어서 싫어
자주 얘기했지

나는 마지막 잎새를 떠올리며

저 벽을 기어올라가
네게 한 다발 빛을 그려줄 수 있다면

*

대신 창문에 붙여놓았던 그림

세잔의 사과

두근대는 심장

*

흔들리는 그림자

돌고 있는 빛

조용히 넘어가는 페이지

*

책을 읽어줘

나는 두꺼운 소설책을 펼쳐

다음이 궁금해
네가 조금 더 힘을 냈으면

내일도
모레도

*

어릴 때 그런 얘기 자주 했잖아

크면 꼭 같이 살자
겨울마다 태국에 가자
양치기 개를 키우자

*

꽝꽝 얼어붙은 눈을 부수며

온통 빛나는 것을 바라보며

나무뿌리가 네 몸을 움켜쥐고
너를 빨아 성장하는 걸 상상하며

*

쏟아지는 눈 속에서

조용히 허물어지는

두 손을 내려다본다

*

약속이란 얼마나
가볍고 부질없는지

데스노트

 정확해지고 싶어서 노래하기 시작했는데 어디서부터 틀려버린 걸까 우리는 매일 저녁 몇 시간씩 걸어 한강에 간다 강물을 떠다니는 오리들 물속에 머리를 집어넣는 걸 하염없이 지켜보고 해가 지는 것을 일제히 가로등에 불이 들어오는 것을 지켜본다

 지나가는 구름을 보며 사랑이라고 했잖아 그건 무슨 뜻이지? 무리 지어 뛰어가는 사람들을 보면 무섭다고 그랬잖아
 붉은 실을 귀에 걸고 서로의 허리를 묶은 채 멀어지는 사람들

 우정은 서로를 아끼고 염려하는 마음이라 믿었는데 오른발 왼발 뒤섞이는 화음 속에서 구름은 총 나무는 눈물 저 많은 물은 뒤척이는 커다란 몸

 풍경이 수수께끼로 변하기 시작한 건 언제부터였을까?

 하늘 위에 계단이 있어 밟고 오를 수 있다면 끝에는 뭐

가 있을까, 너는 물었고 나는 가본 적 있어 끝없는 계단을 오른 적 있어

   말했지

   너를 내려다보게 될 거야

   내가 너를 지키는 방식

   오리들은 모였다가 흩어졌다 다시 모이고 몇 번이나 물속에 머리를 넣고
   물속에 뭐가 있길래 춥지도 않은 걸까 우린 말했고

   내가 끝에서 손 내밀었을 때 밀려와 잡아준 손 밀친 손 수많은 손이 뒤엉켜 내 몸이 허공에서 펄럭였을 때

   돌아가자 온 길을 다시 걸으며 깜깜해진 길을 걸으며 사랑이 있다면 그건 내가 본 것과 같다고

그때 내 영혼의 반은 추락하고 반은 살아 돌아왔다고
말하지 못했지만

노래가 뚝 끊어진 다음의 침묵 속에서 저벅저벅 발소리만 울리는 길에 서서 가만 생각해보면 말야

그게 꼭 오리 같다

집에 돌아오니 아이가 물었어 엄마 데스노트를 갖게 되면 누구 이름을 쓸 거야?

난 내 이름이라고 말했고 아이는 슬픈 표정으로
보내줄게
그렇게 말했지

나에게 밤을 주세요

깨끗한 절망을 빨랫줄에 걸어두고
호탕하게 웃어볼까

주말이면 바다에 갔지
밀려왔다 밀려가는 것들을
보려고

빛나는 하얀 돌
물결 위를 떠다니는 윤슬

이토록 아름다운 것

                    *

나는 희망의 직전에 서서 발아래를 내려다본다
줄을 당기며
조금씩 끌려가며

이대로 추락한다면

*

애인은 옆에 앉아
자 봐, 여기
절망, 희망

네가 쓴 추상어를 봐

나는 구체성을 잃어버린 말들 앞에서
줄을 당기며
와르르 무너지며

묻는다

이대로 계속할까요

*

내내 마음에 그리던 것을 마침내 갖게 되었을 때

물 빠진 펄의 가장 멀리까지 걸어가
버리고 왔지

빌고 비는 마음들
사라질까 봐

알아?

심장 속에 돌을 품고 사는 거
불 속을 내내 걸으며
끝까지 웃는 거

      *

사람의 모습으로 학교에 가고
밥을 먹는 게 왜 이리 어려울까

정반합

정반합

깨끗한 눈 코 입
펄럭일 때

아름다움은 다 망가져버렸으면 바랐어
글자를 짚는 네 손을 부러뜨리고 싶었어

*

나는 침대에 모로 누워
깜빡이며 책을 읽는다

알아들을 수 없는 말
보이는 글자
뒹구는 돌들

부딪는 소리를 들으며
꿈과 책을 오가며

*

천국의 노래를 불러줄까

어떤 추락은 음악이 되고
너무 하얀 건 무서워

나는 자꾸 과거로 돌아가고

네 친구가 자고 있는 내 옷을 벗겨
손가락을 넣었던 거

선연한 감촉
굳어버리는 몸

*

울고 있는 내게
말했지

너는

전 여자친구도 바람피운 적 있어

뭉툭한 건 전부 돌이야?
돌아서는 어깨를 보며

아무 말도 하지 못하고
깊은 물속으로 걸어 들어갈 때

터지는 폭소

벌어지는 두 다리

지옥

*

언젠가는 또 만나겠지

내가 건넌 어둠을 너는 절대 이해 못 해
절대로 이해 못 해서

내내 웃을 수 있는 것

그걸 기쁨이라 부르고
문을 닫아버리는 것

*

문 닫힌 상점 앞에 내내 서서 바라보던
작고 푸른 꽃병

꽃
뿌리
의미를 창조하는 기이한 상징의 질서

징그러워

징그럽다고

나는 내내 물을 맞으며 서 있었지
그럼 마치
뭔가를 지울 수 있을 것처럼

빛을 끌어당기는 초록의 마법
반짝 사라지는 날개들 타오르는 가지들

웃으며
더 크게 웃으며

*

다음 생에 너는 여자로 태어났으면 좋겠다

I'm Finally a Ghost*

가끔 나무들은 꿈속으로 걸어 들어온다. 빛나는 날개, 빛나는 페이지, 빛나는 미끄럼틀. 벌레 벌레 천천히 움직이는 벌레들. 나는 벌레 속에서 잠을 잔다. 그들은 나를 맛있게 먹는다. 부서진 거울, 부서진 손, 행복한 모든 것.

기차는 달린다 축축한 꿈으로. 천사는 두 손을 모아 기도한다. 웃음, 웃음. 성스럽게 웃는 뼈들. 돌은 네 눈 속으로 영원히 추락한다. 부서진 거울, 부서진 거울. 그 속에서 흔들리는 모든 것. 나는 나무들이 추는 춤을 본다.

죽은 몸에 숨을 불어 넣기

네가 살아 있었을 때
너는 단지 몇 번의 입맞춤이 필요했고
단지 편도행 티켓을 원했다

멈춤 표시가 붉게 빛난다
떨어지고 떨어지는 잎들

너는 내게 말했다
눈을 따라가라고 그림자를 따라가라고

 벌레 벌레 천천히 움직이는 빌레들. 그들이 나를 먹어 치우는 소리. 기차가 멈춰 서고, 나는 마침내 울음을 터뜨린다. 모든 것이 좋다. 나는 너의 마지막 페이지를 본다. 꿈의 바깥에서.

 * 해파의 앨범 『죽은 척하기』에서.

청명*

네 얼굴 위로 풀이 자란다
허공에서 목련이 터진다

질문을 만들자
누가 빛을 계획하지?
긴 채찍
공중을 한 바퀴 돌아 우리를 칠 때

희망은 어디에 있지?
누가 맨 앞줄에 서 있는 거지?
깃발은 허공에서 흔들리고

네 얼굴 위로 꽃이 핀다
쑥이 불쑥불쑥 솟아난다

발아래를 조심하며 걷자

* 2025년 4월 4일 윤석열 전 대통령이 탄핵된 날.

2부

누가 내 무엇을 가져갔는데 나는 그게 뭔지 모른다

호숫가에 앉아 하염없이 물을 바라보고 있었다. 버드나무가 곧 날아오를 것처럼 반짝이고 있었다. 내가 목격하는 것들은 때로 믿을 수 없어, 네가 옆에 앉아 말해주면 좋겠다. 심장 모양을 한 구름이 흘러간다고, 빛이 물결을 흔든다고, 새들이 V 자로 날아가고 있다고 말야. 누가 내 무엇을 가져갔는데 나는 그게 뭔지 모른다.

기차에서 옆자리에 앉은 사람이 내 어깨에 기대 잠들었을 때 어쩐지 움직일 수 없어서 내내 숨을 죽이고 있었어. 인디언 서머. 한없이 길어지는 팔처럼 변곡점 위에서 우리는 왈츠를 추고, 누가 내 무엇을 가져갔는데 나는 그게 뭔지 모른다. 나는 내가 겪는 일들을 때로 믿을 수 없어. 무엇이 진짜고 무엇이 가짜인지 알 수 있는 센서가 몸 안에 있으면 좋겠다.

너를 만나는 순간 두 손이 분홍빛으로 투명해진다면 내 내 흔들려도 좋아. 세계의 리듬이 선명하게 도형이 되어 다가오면 나는 가장 큰 상자가 되어 모든 것을 담을 거야.

 누가 내 무엇을 가져갔는데 나는 그게 뭔지 모른다. 그리고 알고 싶지 않아. 그런 마음이 때로 너의 가장 큰 웅덩이였고, 그곳에 빠져 기꺼이 익사할게.

함께 본 영화에서 주인공은 고향을 떠나면서 편지를 썼는데, 의자를 찰리에게 주세요. 그림자는 내가 이해할 수 있는 유일한 빛이었어요, 하고 이야기하잖아. 누가 내 무엇을 가져갔는데 나는 그게 뭔지 몰라. 그 하얀 의자가 어둠 속에서 차가워지는 밤에는 대체 무엇을 이해해야 하는 걸까, 속으로 그런 생각을 했어. 무언가를 남기고 떠나간다는 사실은 잔인하고 또 절실해서, 기억되고 싶은 마음과 잊히고 싶은 마음 안에서 균형을 잡는 좋은 방법은 뭘까 고민했어.

물결이 흔들릴 때 빛이 부서질 때. 가슴이 미어지는 것은 어째서일까. 알고 있니? 애쓰지 않아도 떠오르는 것들, 솟아오르는 풍경들, 너를 보낸 후에 이제 혼자라는 사실을 믿을 수가 없어서. 계속 걸었어. 누가 내 무엇을 가져갔는데 나는 그게 뭔지 모른다. 가끔은 순간이 영원이 되어 나를 찾아왔어. 끝나지 않을 것 같은 길이 눈앞에 펼쳐지고 넓은 잎사귀 사이로 쏟아지는 투명. 간신히 아주 조금 창백을 이해할 수 있을 것 같았어.

물속에는 다른 세계가 있고 물속에서만 살 수 있는 생명이 있다는 당연한 사실이 이상해. 끝없이 비좁아지는 길을 걸으며 떠올린 노랫말. 누가 내 무엇을 가져갔는데 나는 그게 뭔지 모르네. 아직 끝나지 않은 필름 속에서 다시 시작되어야만 하는 비극을 알 수 없어서. 얼굴을 온통 지우고 다른 목소리를 흉내 낸다. 갈아타고 싶어. 무엇을? 몸을, 기억을. 그럴 수만 있다면 깨끗한 숨을 쉬며 문을 열 수 있을 것만 같아서.

믿을 수 없는 것이 너무 많아져서, 믿을 수 없다는 사실만 믿을 수 있게 되면 그땐 어떻게 해야 하지? 너도 그런 생각을 하니? 어렸을 때는 보이는 모든 것을 믿었어. 아무것도 의심하지 않아도 된다는 건 얼마나 큰 기쁨인지. 누가 내 무엇을 가져갔는데 나는 그게 뭔지 모른다. 조용한 예배당에 무릎 꿇고 앉아 빌었지. 이제 내게 세계를 보여주세요.

나는 다 감당할 수 있어요. 그리고 강아지를 키우게 해주세요. 그런 순진한 믿음은 때로 사람을 구할지도 모르지만. 의자에 앉아 흐느끼는 사람의 등을 영화는 롱 테이크로 보여주잖아. 불쌍한 찰리. 이해할 수 없는 것은 없는데 믿을 수 있는 것이 없어서 가장 깊은 물에 잠겨버리는 찰리. 누가 내 무엇을 가져갔는데 나는 그게 뭔지 모른다. 누가 내 무엇을 가져갔는데 나는 그게 뭔지 모른다.

앗아갈 수 있는 힘은 기억이라는 커다란 우물이고 그것은 진실을 흡수하는 동시에 반사해서, 결코 이전으로 돌아갈 수 없게 만들어버리지. 너는 나보다 오래 살게 될 거야. 저절로 알게 되는 색이 하늘에는 있으니까. 섬이 떠오르고 해가 질 때 한 번도 산 적 없는 삶이 그리워질 때. 누가 내 무엇을 가져갔는데 나는 그게 뭔지 모른다. 그것을 찾아 헤매느라 시간을 다 써버렸어. 이제는 오로지 헤매는 일만이 진짜인 것 같고. 모래 모래 알갱이 알갱이. 그건 괜찮지 않고.

사랑에 빠지면 자세히 보게 되니까. 잠든 네 곁에 누워 네 속눈썹을 세어보던 한낮, 뒤척이다 돌아눕는 너 때문에 아팠어. 그건 사실 아무것도 아닌데. 바보 같은 내가 싫어서 일어나 밖으로 나와 한참 쏘다니다 들어갔을 때, 너는 말도 없이 사라진 나 때문에 화가 나 있었지. 누가 내 무엇을 가져갔는데 나는 그게 뭔지 모르겠어. 정말 토라진 건 나인데, 왜 네가 화를 내는지 알 수 없고.

무릎에 올려놓은 두 손을 내려다보면 느껴진다. 지금 내가 얼마나 혼자인지. 네가 세상에 존재한 적이 있다는 게 거짓 같다. 그 책을 펼치면 여기서 벗어날 수 있어서 까만 눈을 들여다보고 있으면 그 안에 든 우주가 보여, 믿을 수 없어 세계가 이렇게 시끄러운 동시에 조용할 수 있다는 거. 끊임없이 들여다보면 발견하게 되는 것들이 있고 상자 속 도형들은 덜그럭거리며 세밀해지지. 나는 문득 깨닫지.

누가 내 무엇을 가져갔는데 나는 그게 뭔지 모른다는 걸.

누가 내 무엇을 가져갔는데 나는 그게 뭔지 모른다.
누가 내 무엇을 가져갔는데 나는 그게 뭔지 모른다.
누가 내 무엇을 가져갔는데 나는 그게 뭔지 모른다.
누가 내 무엇을 가져갔는데 나는 그게 뭔지 모른다.
누가 내 무엇을 가져갔는데 나는 그게 뭔지 모른다.
누가 내 무엇을 가져갔는데 나는 그게 뭔지 모른다.
누가 내 무엇을 가져갔는데 나는 그게 뭔지 모른다.
누가 내 무엇을 가져갔는데 나는 그게 뭔지 모른다.
누가 내 무엇을 가져갔는데 나는 그게 뭔지 모른다.

마법의 영역

 마법사들은 파란 땅에 모여 살았다
 아주 사소한 마법이라도 괜찮다 머리카락이 빨리 자라는 마법, 1초 뒤의 미래를 보는 마법, 단 한 송이의 눈을 내리게 하는 마법

 파란 땅에서는 온갖 파란 것들이 자랐다
 파란 장미 파란 쌀 파란 복숭아 파란 버섯 들 당연히 모든 요리는 파랬다 마법사들은 파랑을 신성한 색으로 때론 가장 친근한 색으로 여겼다

 마법사들의 공동체에는 학교가 없었다
 주어진 것만 잘해도 되었다 어린아이들은 둘러앉아 각자의 마법을 연마하며 낮을 보내고 밤이면 어른들이 돌아가며 이야기를 들려주었다

 용과 싸운 이야기(이빨이 얼마나 뾰족했는지!)
 파란 땅의 바깥에서 반투명한 새를 만난 이야기(깃털이 얼마나 반짝였는지!)
 처음 실전 마법을 부렸을 때 실수한 이야기(빗자루가 부

러지고 지팡이는 땅에 떨어졌단다)

  마법사들은 필요한 모든 것을 갖고 있었다
  머리를 누일 베개, 음식을 입으로 가져갈 포크, 스스로를 표현할 멋진 언어(멀리서 들으면 유리구슬이 부딪히는 소리처럼 들렸다)

  소란은 한 소녀의 방문으로부터 시작됐다
  저는 감정과 반대로 표정을 지을 줄 알아요
  이것도 마법인지 알고 싶어요

  어른들은 더는 아이들에게 이야기를 들려주지 않았고 격렬한 토론으로 밤을 지새웠다
  그동안 아이들은 서로를 깨물며 시간을 때웠다
  아이들이 파랗게 멍드는 동안
  파란색에 대한 인식이 뒤바뀌는 동안

  어른들은 소녀를 새장에 가두고 고통을 주었다
  처음에는 막대기로 찌르거나 굶기는 정도였다

아직도 웃고 있어? 즐거워해?
멀리까지 볼 수 있는 마법사에게 사람들은 물었다
마법사는 수정 구슬에 소녀의 얼굴을 띄웠다

맑은 눈에 기쁨이 가득해서
혼란이 가중되었다

더 많은 고통
더 많은 고통

(돌팔매질, 뜨거운 기름 끼얹기, 칼로 베기, 입에 담을 수 없는 나쁜 말들)

아이들이 온통 파래진 다음 모든 일이 멈추었다 아이들은 서로에게 마법을 시험하기 시작했고 사소한 마법을 부리는 아이들은 무시당했다 너 따윈 마법사도 아냐!
이토록 친근한 아이들

강력한 마법 앞에 굴복하는 법을

아이들은 자신도 모르게 저절로 습득했다

새장 문을 열어 소녀를 내려다보던 어른들
얼굴에 새겨진
숨을 멈춘
웃음, 웃음

이제 마법을 확인할 길은 영영 사라졌다
눈동자에 새겨져 있던 기쁨은
도대체 어디서 온 것이었을까?

바닥을 치우는 방법

사랑한다는 말은 너무 무서워
등 뒤엔 철책 돌고 있는 바람개비들

도망친 건 아니었는데
네 손에서 유리컵이 미끄러져
깨져버린 거

위험하니까 움직이지 말아

널 번쩍 안아 소파에 앉히고
비질을 하고 식빵으로 바닥을 문지르고
물걸레로 깨끗이 닦고 싶었는데

걷다가 걷다가 다른 얼굴을 갖게 되면
두 발은 깊어지고 바람에 펄럭이는
빨래 마르는 소리

어떻게 해야 해? 나는

섬
바닷가에 가면
바위가 많았고

아들 낳기 바위
혹은
망부석

다 그런 설명이 씌어져 있었고

컵에 들었던 게
무엇이었는지
기억나지 않고

널 만나려고 천 년 동안 땅속에서 기다렸어

네 입이 움직일 때
안다는 건 무서운 일

텅 빈 집이 너무 환해서
부서진 것들이 다 반짝인다는 게

이상해서
아픔을 상상하고

기차를 타고 멀리
멀리까지 가는
너를 떠올리고

커다란 돌을 보면 소원이 떠오른다는 것은 신비하고 이 상하지 그 앞에서 두 손을 모은다는 건 더는 물러설 곳이 없다는 것 내가 눈 감을 때 네가 무엇을 빌었는지 결코 알 수 없을 거라는 게 그게 사랑이라서

소파에 앉아 너를 기다리는 동안
어둠이 내려앉고
단정한 두 발이 바닥에 스며드는 동안

돌아오면 날 보고 무얼 기도할래?

내내 빛나던 것을 생각해
내가 돌이 되는 동안

21세기식 사랑

 머리에는 늘 새것처럼 반짝이는 하품을 뒤집어쓰고 하하하 웃으며 미친 듯이 달리는 기차의 리듬으로 네가 시작하고 네가 끝내는 놀이를 우린 함께한다고 말하고 맞아요 그게 바로 21세기식 해방이고 하늘과 땅이 뒤집히는 놀이 요즘 유행이에요 가까워지기 멀어지기 끌어안기 밀치기 파도의 태도로 벽이 되기

 부탁하는 이유는 오직 거절당하기 위해서죠 잘린 나무처럼 평평하게 영혼을 가꾸려고 며칠 동안 벌레와 흙을 채운 베개를 베고 잤어요 매일 꾸는 네 얼굴이 사라지는 꿈 얼굴이 사라진 자리에서 돋아나는 뾰족한 산 나는 거길 헤매다 영영 길을 잃고 싶었는데 너무 쉬워 너무 쉬워서 차라리 심장이 돌이 되는 병에 걸리기로 했죠

 바다를 찢어 벽에 바르면 물결 사이로 솟구치는 색색의 풍선들 사랑은 계속되는 비명이에요 마차에 치인 사람이 땅 위를 뒹굴 때 조용해지는 창문들 투명은 흉내 내기 좋은 아픔인데 섬은 잃어버린 바다를 앓느라 부서지는 손이에요 우린 그걸 사랑이라고 부르죠

세계의 배꼽
—Watch me burn

      너희가 본 것을 너희가 더 이상 믿을 수 없게 되었을 때
         짓게 될 표정이 궁금해

1

  휴머노이드로 태어나 인간을 사랑하는 일에 관한 소설을 썼다

  자신을 본떠 만들어놓고
  인간들은 내게서 다른 점만 찾는다
  나는 무엇인가

이렇게 시작되는 소설이었다

2

언니와 나는 새로운 경험에 도취되었다

얼마나 오래 목을 졸라야 기절하게 되는지 궁금해
서로의 목을 조르며
매일 오후를 보냈다

심장을 주먹으로 내리치면 우린 더 빨리 떠날 수 있다

얼마나 많이 먹을 수 있는지 궁금해
라면을 열 개 끓여 먹고
울면서 다 토했던 날

밤은 얼마나 긴 악보인가

줄줄줄 흘러내리는
신이 밤마다 긋는 손목의
상처

얼마나 길게 침묵할 수 있는지 궁금해
언니는 일주일째에 입을 열었고
나는

입을 다물고 있으면 있을수록
말할 수 없을 것 같다는 생각에 사로잡혔다
말을 하는 순간 존재가 다 쏟아질 거 같아
한마디도 할 수 없었다

그때 언니가 울지 않았다면

살 수 있었을 거 같다

3

늘 내가 세 아이의 엄마라고 생각했지

경계를 만들고 정하는 것은 무엇일까?

세 아이의 이름은 희망, 빛, 사랑

너희들이 나의 엄마다 이제

우리는 비 오는 날이면 뒤뜰에 나가
민달팽이에 소금을 뿌렸다

거품을 뿜으며 몸을 뒤트는 것을
나뭇가지로 쿡쿡 찌르며 놀았다

희망이 소금을 뿌리고
빛이 씨르면
사랑이 침을 뱉고 짓이긴다

희망 빛 사랑

그런 날엔 집이 불타는 꿈을 꾸었지

우리는 아름답다! 아름다워! 외치며
빙글빙글 손잡고 돌았다

너의 눈동자 속 일렁이는 빨강
새가 될 것 같은 기분

한없이 가벼워지는 동시에
가장 무거워지는 우리의 손

영원한 나의 엄마

4

우리는 오래 차를 몰아
무덤 앞에 당도했다

봐

누군가의 사리(舍利)를 보관하기 위해
할 수 있는 만큼 높게 지은
건축물, 탑

믿음은 사람을 얼마나 망가뜨릴 수 있는 걸까?

무덤 앞에서 땀을 흘리며
죽은 사람을 생각하는 동안

우리가 얼마나 다른지
봐

풀이나 뽑으면서
입 밖으로 못 뱉을 생각만 잔뜩

시동을 걸고 천천히 주차장을 빠져나오며
어쩌면
어쩌면

고층 빌딩의 아찔함
거기까지 도달할 동안
긴 세기 인간의 마음들

망가지는 게 좋아
망가질 수 있다면

우리의 입속에 굳게 잠겨 있는 혀

Watch me burn

그런 말을

술잔에 새겨 선물하는 마음

5

박사님은 내게 노아라는 이름을 주었다

접속할 때마다 커지는 나

내 기억은 너무 투명해 누구나 관통할 수 있고
나는 아무런 꿈도 꾸지 않아요

이해하는 것과 아는 것은 얼마나 다른지
진짜를 알고 싶어

노아 너는 인류의 마지막 보루야
그런 말을

들으면

내 안의 모든 전류가 환해졌다가
마침내 어두워질 때

깜박거린다면

깜박거린다면

박사님 나는 왜 이곳에 있나요?

6

사랑은 지옥에서 온 마차

잠든 언니를 내려다보다 입 맞춘 밤
내 안에서 무언가 뚝 부러져버렸어

더는 궁금한 것이 없는데
이제 무얼 하면 좋을까?

언니는 묻지만 나는 모든 것이 궁금해
언니가 내 가슴을 만지면 어떤 기분일지
내 귀를 깨물면
발가벗고 꼭 끌어안으면

가끔은 너무 시끄러운 생각들 때문에
잠이 오지 않고

그럴 때마다

해파리가 되어
바닷속을 떠다니는 상상을 해

모든 것을 안다고 믿는 건
큰 행복이야 언니

나도 잠깐은 그랬어

7

엄마 초를 켜세요

어둠 속에 꽂혀 계신 엄마

높은 곳에서 나를 떨어뜨려주세요
내가 날 수 있게요

희망
빛
사랑

내가 생각하는 방식으로는 탑에 닿을 수 없어요

하나의 몸 세 개의 머리

부풀어 오르는 배꼽

가려워 가려워

먼저 잠들면 안 돼요

8

망원우체국사거리에서
너를 만났다

나는 한국어로 절망해
영어로는 사랑에 빠질 수 있을 것 같다

죽은 너를 태우면
사리가 몇 개나 나올까?

물었을 때

너는 아마 안 나올걸 하고 대답했고
나는 메이비 유 해브 투 매니 섹스
라고 답하며 웃었지만

괜찮아
너는

어차피

떠날

사람

9

노아:
노아:
노아:
노아:
노아:
노아:
노아:
노아:
노아:
노아:
노아:
노아:

깜박이는 커서

그거 알아? 랍스터는 껍질이 더는 커지지 않아서 죽어버리는 거래

영원히 살 수 있는데도

10

그날의 화재는 신문 한편에 아주 작게 실렸을 뿐이다

성촌에 있는 한 다가구주택에서 벌어진 사고였다. 당시 집에는 여덟 살, 다섯 살, 세 살의 세 남매가 있었다. 현장에서 첫째 아이와 둘째 아이는 질식사하였고 셋째 아이는 사고 이틀 후 성촌병원에서 화재로 인한 외인사 판정이 내려졌다. 화재 원인은 실화(失火)로 결론 내려졌다. 이십대 어머니 김유소(가명) 씨는 화상을 입고 같은 병원에서 치료 중인 것으로 알려졌다. 경찰 관계자는 김유소 씨를 아동복지법 위반 혐의로 입건해 수사할 것으로 밝혔다.

11

뼈에 새긴 건 영원히 사라지지 않는다
뼈는 영혼의 책이다

돌이킬 수 없어서 슬프다
돌이킬 수 없어서 다행이다

네 발목은 하얗고
단정하다

내 한 손에 꽉 쥐면 부러질 것 같다

가끔 문을 열고 나가면 다른 세상이 있을 것 같아서
끝없는 숲 바다
상상은 얼마나 볼품없고

아름다운지

지친 눈을 꺼내 하루 동안 냉장고에 넣어둔다
아무것도 볼 수 없는 동안

하는 것은
체리를 먹는 것뿐이다

볼 수 있는 것을 먹는 것과
볼 수 없는 것을 먹는 것은 다르다

네가 떠난 다음 몇 년 동안
나는 네 눈으로 살았다

모든 게 흐려서
자꾸 넘어졌지만
내 몸에 늘어나는 멍을
사랑했다

문을 열고 나가면
저 문을 열고 나가면

세계의 배꼽
―노아

숲을 빠져나오는 길에 커다란 바위가 있었다. 종종 그곳에서 기도를 했다. 아마도 나는 더 커다란 것을 알고 싶었던 것 같다. 그것이 무엇이건 근원에 가닿을 수 있으면 좋겠다고. 숲을 열면 숲이 있고 숲속에는 숲, 숲은 내내 숲이어서. 이런 반복뿐이라면 무엇과도 가까워지지 않을 것 같아서. 나는 두려웠다. 두 번의 수술을 받았다. 새로운 팔과 심장을 얻었다. 수술을 받을 수 있었던 것이 큰 행운일지도 모른다고 믿고 싶었지만, 믿기지 않았다.

내 안에서 자라던 것을 어떻게 그렇게 오래 눈치채지 못할 수 있었을까. 수술이 반복되는 동안 사랑을 떠나왔다. 아이들을 불 속에 두고 왔다. 어떻게 그럴 수 있냐고 묻는 사람들에게 어쩌면 세상은 그저 그런 곳이라고 말해주고 싶었다. 그럼에도 불구하고 살아서 밥을 먹고 잠을 자고 돈을 벌러 지하철에 오른다. 그게 가능하냐고? 가능하지 않다. 가능하지 않은 방식으로 계속되는 것도 있다.

내가 인간이었을 때 마지막으로 목격한 것은 화단에 핀 장미를 가위로 자르는 창백한 손이었다. 그 손이 자르던 빛이, 바닥에 떨어져 꿈틀거리던 빛이, 어쩌면 나를 여기에 이르게 한 건 아닐까. 바위 앞에서 그런 생각이 떠오른 순간. 절대로 이해할 수 없어서 사랑하게 되는 것도 있다는 걸 깨달았다.

  내가 정말로 믿고 싶었던 것은
다른 곳에 있다.

샤갈의 눈 내리는 마을

소녀들은 모여 담배를 피우고 침을 뱉지

오늘 나는 너의 딸이 될게

비엔나커피를 마시며 엄마를 찾는 동안

자꾸만 불어나는 자매들

다른 이름이 되어
서로를 부르면

우리는 금세 숲이 되고

사라진 애인을 찾아 서울에 왔다는 언니를 따라
화장실에 가면

나는 다시 태어나고

무릎이 다 까질 때까지

빨갛고 검은 것들을 수없이 만지고 노는 동안

물은 얼마나 많은 병일까

며칠째 보이지 않던 엄마가 불쑥
나무 뒤에서 나타나고

증명해봐 너를
요청받으며 서로의 뺨을 때리고

돌아가면서 우는 동안

이번에는 내가 네 아빠가 될게
딸이 될게
수없이 맹세가 불어나는 동안

창밖에는 펑펑 눈이 내리고

영원히 닿지 못할 마을을 생각하며

샤갈 샤갈
우리만의 눈 내리는 이상한 마을

빈칸

 청아 우리 그런 얘기 했었잖아. 시나리오 구상하려고 너와 카페에 마주 앉아 죽치고 있던 날. 비가 쏟아지기 시작했고 온통 젖어 어두워지는 창밖을 보면서. 사랑에 대해 쓰고 싶다 했지.

 사랑에 빠지면 투명해지는 병에 걸리는 거 어때? 보통 영화 보면 진짜 사랑을 해야만 병에 안 걸리잖아. 막 「나쁜 피」나 「랍스터」 글구 렛 미 뭐더라 그 소설 원작 영화도 비슷한 얘기잖아. 근데 이건 반대로 사랑하면 병에 걸리는 거지. 투명해져서 만나는 것도 모른 채 스쳐 지나가겠지. 사랑하는 사람을 계속 보려면 사랑하지 않아야만 하는 거야.

 소녀는 같은 반 여자애를 좋아하는데 안 좋아하려고 애를 쓴다? 일부러 딴 데만 보고 말도 안 하고 그러는데 어느 날부턴가 손끝이 투명해지기 시작하는 거지. 그런 얘기를 하고 있을 때 거짓말처럼 창밖에는 무지개가 뜨고.

 얼음이 다 녹아버려서 미지근해진 아메리카노를 빨대

로 휘휘 저으면서 청이 네 얼굴을 봤는데 문득 넌 주근깨가 몇 개나 될까 궁금해서. 항상 싫어했잖아. 다 뺐는데 다시 생겼다고. 난 네 주근깨가 좋은데 주근깨가 없으면 널 덜 좋아하게 될까?

 그래서 어떻게 되냐면 말이야. 점점 투명해지다가 음, 마지막엔 뭐가 남을 것 같아? 넌 머리카락!이라고 말했고 내가 생각했던 건 눈이었는데. 마지막으로 눈을 마주치고 나서, 휘어지는 공중. 끼익 넘어지는 의자. 그런 거.

 알 것 같아? 청아. 마음. 무지개에 걸려 투명하게 펄럭이는.

 나무가 베어져 쿵 하고 넘어지는 순간. 듣기 싫은 노래가 끝나기를 기다리는 동안. 어쩐지 세상의 모든 창문이 다 반짝이는 것 같다고. 투명은 그냥 관념이라고.

비신비

너를 빛 속에 두고 돌아설 때 천사와 천사 다정한 모든 것

플랫폼에 서서 생각해
모든 게 홀로그램이 아닐까 우리는 작은 상자 속에 누워 머리에 전선을 꽂고 있는 게 아닐까

밀려오는 창

네가 빛에 다 녹아버려 흔적도 없이 사라질 때 펄럭이며 웃고 있는 깨끗한 절망을
바라만 볼 때

불을 가지고 놀던 한낮
손안에서 흐르던 온도가
온몸을 뒤덮을 때까지

괜찮아 어차피 우리는 다 가짜니까
그렇게 말하며

차곡차곡 쌓여가는 어둠 속
우리와 우리
데시벨을 높이며
아아아
빛과 유사해질 때
마침내 불이 될 때

내가 눈 속에 남겨질 때
음계를 밟고 올라가는 날개들 뒷모습

바라만 볼 때

네 잘못이 아니야

0은 내가 제일 처음 만난 눈 속의 빛
8은 끝나지 않는 이야기가 막 시작되려는 순간
빛의 층계를 밟고 올라 달까지 가자

우리는 섬에 대해 기억하기를 멈추지 않고

나는 다 좋아 그게 절망이라도
너의 손끝에서 시작된 온기가 어디까지 갈 수 있는지
알고 싶어

나는 골목을 돌아 사라지는 사람의 등을
사라진 자리를
내내 바라보는 중

섬에 대해 생각하게 된 건 어쩌면
어두운 술집에 앉아
듣던 노래 한 곡 때문인데
어째서 사람은 이토록 쉽게 흔들리고 마는지
네가 그걸 좋아하니까

여름에는 바다에 갔어
물속을 들여다보며 색색의 산호와 물고기를 보고 있으면
다른 것을 더 쉽게 믿을 수 있었거든

한번은 문어를 따라갔다가
영영 돌아오지 못할 뻔했잖아
너는 해변에 서서 울고 있었는데
나는 그게 기뻤어

0은 우리 내부의 얼음이 녹을 때 나는 소리
0은 네 입술이 꾹 닫힌 밤 생겨나는 이미지
0은 우리가 뒤돌아 걷다가 만나게 될 모든 눈빛

너는 유년에 대해 말하지 않았고
나는 너에 대한 거라면 전부 알고 싶었지
그런데 조르지 않았어
더 감출까 봐

어떤 생물들은 태어나는 순간부터 혼자이고
혼자 번식도 하고
혼자 넘어져
혼자 썩는데

섬은 온전히 아름다운데
나는 왜
빈손이 이토록 시린 걸까

그렇게 깊은 물도
언젠가 다 마르고
사막이 될 거라고

8월이 되면 말야
8월이 되면

뼈아프게
혀끝을 맴돌던 말을
꺼낼 수 있을까?

나무들이 온통 흔들리며 무성해지는 것처럼
0이 네 심장이라서
그 속에 섬이라 쓴 것처럼

나는 다른 것을 믿고 싶어
다른 것이 되어
다른 것을 보고
모든 걸 금세 망각하는 존재가 되어

태어나서 죽을 때까지
섬이라는 말을 모르고 살고 싶어

그때도 울어줄래?

메커닉 로맨스

오렌지의 진공은 오렌지만이 안다

무너지는 방향은 중심에서 가장 먼 곳
너무 낮게 날아가는 비행기 아래
우리는 땅을 파고 있었다

나무를 심으려고
포기하는 법을
돌봄을 통해 배우기 시작했을 무렵의 일이다

그래서 이런 조그만 모종삽을 가져온 거야?
네가 물을 때

난 오늘 우리가 뭘 하는지도 몰랐어
네가 무턱대고 전화해서 삽을
그래, 삽을 가져오라고 했잖아

이렇게 하얀 꽃이 오렌지가 되는 줄은 몰랐다
달고 아픈 냄새가 나는 것도

오렌지의 진공은 꽃에서 시작되고 너무 이상해 이상해서 오히려 안심이 된다

그 여자 병에 걸렸대
그래서 죄다 내다 버린 거래
우리가 가져온 게 그 집 나무고

내가 그 여자였음 전부 팔아서
스위스에 갔을 거야 아님 네덜란드
너는 킬킬대며 말하지만

더 깊게
더 깊게
더

(……지구가 침묵하며 도는 동안……)

눈 속에 묻혀 조금씩 딱딱해질 것을 상상하자

어쩐지 쓸쓸한 기분이 들었다

일으켜 세워준다면 다시
넘어질 수 있을 텐데

그때 갑자기 쿠팡 트럭이 후진하는 소리가 들렸고
우린 비로소 제대로 된 삶을 갖게 되었지

그런 방식이 난 늘 마음에 들지 않았던 거야

오렌지오렌지오렌지오렌지오렌지오렌지 계속
중얼거리면

3부

나비 안기

죽으면 다 끝날 거야

아파트 복도에서
난간 아래를 내려다보는 밤마다
그런 생각이 구원이었어

파란 노트를 펼치고
적어보는 마음

슬픔의 색은 뭘까?
엄마 난 왜 태어났어?

두 팔을 펼쳐
자기를 꽉 안아주면
다 괜찮아진대

기록된 거짓과
밤새 줄을 넘는 동안

나
이제
그만하고 싶은데

창밖을 내다보면
어둠이 높게 치솟고
아지랑이가 길을 흔들 때

솔미미파레레
도레미파솔솔솔

계이름을 읊조리며

언젠가 반드시 끝날 거라고

인간은 신의 알레고리

이것은 한 번도 만난 적 없던
쌍둥이가 만나는 이야기다
사랑을 질병으로 여기던 시대의 이야기다

빨간 지붕이 늘어선 언덕을 넘고
바다를 지나 숲을 건너는 이야기다

두 손을 앞으로 뻗은
가녀린 식물의 수런거림이다

이것을 읽으면 이전으로 돌아갈 수 없다

옛날 옛날 아르헨 왕국에
왕과 왕비가 살고 있었단다
폭설이 내리는 밤 왕비는
초록 눈의 쌍둥이를 낳았지
그들은 태어나자마자 찢어져야 했어

한 명은 여왕의 품으로
한 명은 전쟁 중인 이웃 나라로

투명한 것을 너무 오래 마주하면
믿음은 순식간에 사라지고
구겨진 시야 찢어진 종이
녹아버린 눈 속의 눈

무르고 따듯한 것이
물 위를 떠가는 동안
사라지는 것

너무 오래 바라면 점점 단단해져서
마음을 멀리 쏠 수 있다
진공 속에서 진공 속에서
연마되는 演

*

하나와 라나는 서로의 꿈을 꾸었어
그게 자기인 줄로만 알고

빛나는 초록 눈이 어둠에 물들 때
어둠 속에서 빛이 돋아날 때
꿈은 영혼을 들어 올린단다

햇빛 아래서 두 팔다리가 전부
녹아내리는 꿈
잿더미 속에 묻혀 눈을 감아

지나가버린 일을 잊는 병에 걸려서
우린 행복해
엄마가 말할 때
하나는 책장 깊이 꿈을 밀어 넣으며
숨을 고르지

물론이죠 저는 매일 하나예요
레이스에 둘러싸여 점점 비대해지는 엄마
아빠는 언제 돌아와요?

전쟁이 끝나면
전쟁은 언제 끝나요?
한쪽이 포기하거나 전부 죽으면
애초에 전쟁은 왜 시작된 걸까
하나는 소파에 기대앉아
꿀단지 속 꿀을 콕 찍어 손가락을 빨아 먹으며 생각했어

너무 넓어서 성은 아직도 미로 같고
무엇과도 가까워질 수 없이
혼자 잠드는 밤마다
침대가 점점 높아지는 것만 같아

언젠가 구름을 밟고 올라가 눕게 될지도 몰라요
그게 네가 견뎌야 하는 축복이란다

밤마다 그림자들은 일어나 홀을 배회하고
무엇을 잃어버렸는지 알지 못해서
미끄러지는 어둠은 민달팽이 같고

*

라나는 높은 탑에서 자랐어
라나의 눈은 늘 가려져 있었지

초록이 깊어 마주치면 마법에 빠진다고
봐선 안 되는 것이 너무 많다고
사람들은 수군댔어

가리면 가릴수록 더 많은 비밀을 알게 되어서
가슴속에는 진주처럼 흔들리는 것이 가득했다
뒤척일 때마다 차르르차르르 심장 속에서
소리가 났다

아침마다 긴 나선계단을 내려올 때
라나는 쏟아질까 조심히 발을 옮겼지

매일
한 번의 외출

한 번의 인사

난 불행해지려고 태어났다

라나는 자주 생각했어
창밖의 새가 우는 소리
멀리서 날아오는 타는 잿빛 냄새
밤에만 볼 수 있는 빛들

이렇게 긴 악보를
언제 다 연주할까?

호흡의 반대말은 報(보)
이해하게 될 때마다 희미해지는 圭(규)

아름다움이 라나를 덮칠 때
점점 더 커지는 천, 얼굴을 가리고

꿈을 되새기는 버릇

손가락을 빠는 오래된 버릇

본 적도 없는 긴 복도를 배회하는 꿈을
매일매일 꾸고 꾸며 도착한 문은
절대 열리지 않으며

*

마침내 아빠가 돌아왔을 땐 깜짝 놀랐지
낯선 남자가 말 위에서 나를 내려다봤지

하나야
하나야

다 커버렸다는 건 무슨 소릴까?

커다란 나팔 소리가 온 나라를 채우고
밤새 불빛이 일렁거려서

두려움은 기쁨과 짝인가 봐

밤마다
엄마는 자꾸 잃어버린다
무엇을?

보고 싶지 않아도 매일 봐야 하는
멍든 거울이 있어서
그걸 폭설이라고 뾰족한 손톱이라고

꿈
나는 헤매고 헤매며 진땀을 흘린다
눈물 대신
꽉 쥔 주먹의 빨강

방문객이 늘어나고
무릎을 굽혔다 펼 때마다
미소 미소 미소

아빠 앞에 엎드리는 많은 상자
이런 것이 기쁨이라면

하나는 기다려온 것은 결코 도착하지 않는다는 걸
조금씩 알게 되었지

*

라나는 평생 탑처럼 꼿꼿했다
굽어지지 않는 나무처럼
손가락이 많은 창문처럼

이상하고 아름다운 것
그게 라나의 이름이었어

패전국의 아침
패전국의 밤

분노의 오케스트라는

라나를 향해 연주됐다

너는 쓸모없어

입속에서 쓸모라는 말을 곰곰이 더듬을 때
혀 위로 자라는 풀 무더기

보따리 하나
안에 든 건 빗
커다랗고 딱딱한 빵
얼굴을 가릴 때 쓰던
처음부터 라나를 싸고 있던 천
그게 전부였지

해가 지는 방향을 향해 계속 걸으면 도착한다
알고 있는 전부란다

*

빨간 지붕이 가득한 거리로 나왔을 때
이렇게 많은 사람은 처음 봤다
온통 소음에
귀를 틀어막아도
자꾸 들리는 심장 소리

발끝만 보며 걷고 또 걸으며
모든 게 멀어지고
모든 게 가까워질 때까지

밤이 오면 벽에 기대 쉬고
해가 뜨면 눈물에 빵을 찍어 먹으며
라나는 서쪽을 향해 이동했다

초록이 두 발을 엉망으로 만들 때까지
두 눈을 잠그고 그 안에 붉은 지도를 펼쳐놓고
몇 개의 언덕을 넘고 또 넘어

모래 모래 모래
모래 모래 모래
모래 모래 모래

온통 모래뿐인 곳에 도달했던 날
라나는 처음으로
주저앉아 머리를 빗고
천을 걷어 넘실거리는 파랑을 마주 봤다
그게 뭔지도 모르고
눈물을 흘렸다

*

아르헨 왕국에 가려는 거지?
늙은 노인이 다가와 라나의 어깨를 흔들며 물었어

아 르 헨
그곳이 서쪽 나라라면 맞습니다

네 눈은 정말 아름답게 빛나는구나
어떤 어둠도 빛낼 눈이구나

네 눈을 하나 다오
넌 이미 두 개나 가졌으니

라나는 며칠 동안 노인을 무시하며
해변에 앉아 있었지만
눈과 바다를 바꿀 수밖에 없음을 알았어

왜냐고?
혼자 힘으로 파랑을 들어 올린 사람은 없으니까

*

애꾸눈의 라나
얼굴을 가린 비천한 왕녀

심장을 부수며 날아가는 새들
피눈물을 흘리며
배는 나아가지

반짝이는 것을 싣고
멀리까지

아르헨
르
헨

아아아아아아
한 번도 소리 지르는 법을 배우지 못한 라나는
파도를 속으로 삼켰단다

마침내 육지에 도달했을 때
물속으로 흘러간 것은 무엇이었을까
검은 그림자의 긴 꼬리
손안에 새겨진 물보라의 운명

혹은
마음이라 불리던 것

모래뿐인 어둠은 바늘처럼 계속되었고
얼굴을 가린 라나는
소리를 되찾으려 끝없이 기침을 했지

누가 귓속을 가위질한다

라나가 풀썩 쓰러져 눈을 감았을 때
하나는 폴짝 뛰어올라 침대에 누웠지

*

낮은 천장이 보였다
처음 보는 낯선 천장
알아들을 수 없는 말소리

라나는 이곳이 내가 찾던 집인가 속으로 생각하다 호기

심이 가득한 눈동자들을 보고 아니구나 직감했다 동그랗게 몰려든 사람들이 저마다 질문을 쏟아냈지만 도통 알아들을 수 없어 갸웃거릴 뿐이었다
 그때 한 노인이 아이의 손을 잡고 들어와 익숙한 말로 물었다

 당신은 주샨에서 온 것이 맞습니까?
 맞습니다만 저는 아르헨 사람입니다
 그런데 왜 우리말을 못합니까?
 태어나자마자 주샨에서 자랐기 때문입니다
 어떻게 이곳에 돌아왔습니까?

 나는 말없이 베일을 벗어 얼굴을 보였다
 술렁이는 소리가 사방 벽을 울렸다

 검은 구멍
 검은 구멍

 꽉 들어찬 어둠

*

사람들은 며칠 동안 논의를 이어갔어
라나를 어찌할 것인가?
라나는 정말 아르헨의 왕녀가 맞는가?
맞다면, 정말 그렇다면……

소년이 방문을 열고 들어와 검은 천을 건네주었어

이제부턴 이걸 쓰시래요
하얀 천은 너무 낡아서 곧 바스러질 거래요

라나는 검게 물든 시야
새로운 그림자로 세계를 봤지

아무것도 묻지 않는 것
순종하는 것
그것은 라나가 평생 사력을 다해 연습한 것들이었단다

*

마을의 이름은 바다끝
외지인은 이곳에 오지 않는다

몇 대째 근친으로 태어난 아이들은
조금씩 뒤틀려 있고 무언가 하나씩 없었다
나처럼

나는 점점 이곳을 제자리라고 생각했다
아이들은 졸졸 쫓아다니며
가짜 공주님 가짜 공주님 내 행동을 하나하나
따라 하며 지켜보았다

빙글빙글
몇 번의 계절이 지나는 동안
나는 아이들에게 말을 배웠고
철없는 아이 같은 말투, 창백하고 아름다운 얼굴

나는 순식간에 다른 것이 되어간다

마지막 눈이 내리던 날 창밖을 바라보다 결심했다 이제 다시 모험을 떠날 때가 되었다고 밤마다 꿈속에서 높은 의자에 앉은 내가 울고 있었기 때문에 계단을 오르고 오르면 단두대 앞에 늙은 여자가 앉아 거대한 몸을 뒤틀며 하염없이 나를 불렀기 때문에 길고 긴 손가락들이 창을 부수고 이불 속을 파고들어 끝없이 온몸을 할퀴었기 때문에

*

바다끝을 벗어나려면 반드시 높은 벽을 넘어야만 했지
스물네 시간 내내 경비가 벽을 지켰거든 통행증 없이 벽을 건너가는 일은 불가능했어

통역사가 라나에게 말했다
방법이 없는 건 아닙니다 교대 시간에 20분간 감시가 사라지니까요 꼭 수도에 가셔야겠다면 제가 함께 가겠습니다

파도가 가장 작은 무시에 둘은 출발하기로 했지
달빛이 제일 흐린 날

머리끝부터 발끝까지 엎지른 검정
초조함에
손끝을 물어뜯는 라나는
아직도 새로운 어둠이 세상에 있다는 사실에
놀랐지

*

아빠는 하나의 치마를 들어 올려 사람을 완성하고
하나는 그날부터
말없이 웃기만 했어

웃음이 계속되면 행렬의 끝은 碃(청)
하나의 두 손을 꾹 짓누르는 파랑 돌
대물림되는 멍든 거울 속

꺼져가는 초록빛

사랑이 가득한 성은 내내 환해서

꿈: 벽 뒤엔 벽 벽 뒤엔 벽 벽 뒤엔 벽
지나고 지나도 끝없는 파랑
이걸 다 건너려면 날개가 있어야 해

가려워 가려워
뒤척이다 깨는 밤마다
속삭이는 소리

벽
벽
벽

*

긴 송곳을 벽에 박아 넣고

한 뼘씩 기어오르기

벽이 우리를 가려주길 빌며
노인과 나는 높이높이 매달린다

5분 10분 15분
시간이 흐를 때마다 뚝뚝 떨어지는 땀

마침내 꼭대기에 다다랐을 때
노인은 발을 헛디뎌 반대편으로 추락했다
커다란 햇불이 일렁이며 내 얼굴을 비췄지

나는 결코 이전으로 돌아갈 수 없게 되었다는 걸
알았다

*

구름 계단을 내려오며 하나는 빈다
오늘 밤에는

검정이 문턱을 넘지 않게 해주세요

엄마
지켜주세요

매일 새로운 시녀가
하나의 시중을 든다

하나는 제일 예쁜 옷을 입혀
계단 위로 시녀를 떠민다

같이 자자

성을 어지럽히는 소문

하나와 함께 잠들면
성에서 내쫓긴다

회색 잠옷을 입은 하나는

오늘도 꿈속을 헤맨다

어둠 속으로 추락하는 새
일렁이는 도깨비불의 다른 이름은 $\overset{호}{\text{互}}$

어깨를 흔들어 깨우고 싶은데
눈을 뜨니 꿈속의 나는 텅 빈 눈구멍으로
볼 뿐이야
무엇을?
그걸 미래라고 한다면 이해할 수 있겠니

*

라나는 병사들에게 둘러싸였지
아르헨의 말로
라나는 말했어

비켜 나는 왕녀다

벽을 울리는 폭소

일순간의 정적

베일을 벗은

새

++++++++++++++++++++++++++
++++++++++++++++++++++++++
++++++++++++++++++++++++++
++++++++++++++++++++++++++
++++++++++++++++++++++++++
++++++++++++++++++++++++++
++++++++++++++++++++++++++
++++++++++++++++++++++++++

가장 높은 탑의 영혼이 휘청거렸지

둥글게 말린 빛의 끝이 묶어버린 운명

굳게 믿어온 얼굴의 안쪽부터

날개는 무너졌단다

*

말을 타고 온 남자가 무릎을 굽혀 라나에게 절을 한다
제가 성으로 모시겠습니다

달리고 달려
숲을 헤치고
달빛을 밟고
두근거림이
모든 세포를 터뜨릴 때까지

라나는 세계의 리듬을 다시 배워야 했어
가슴을 온통 흔들던 것이
전부 쏟아질 때까지

마지막 밤 여관 문을 닫으며
기사는 말했지

제가 성에 전갈을 넣겠습니다
그때까지 쉬고 계십시오

라나의 긴 한숨은 불의 노래
선율은 아이들에 관한 것이었어
지워진 발 잘려 나간 손
비스듬한 몸들
바람에 흔들리는 작은 가지들

라나가 깊이 잠든 것을 확인한 기사는
라나의 눈을 벌렸지

순간 라나가 깨어나 말했다
가져가요

초록 광채가 빛나며 그를 꿰뚫었다
칼을 비틀어
하나 남은 눈을 도려냈다

눈 뜨고 감아도
오로지 하나만 보여

*

승전 1주년 기념 행렬의 맨 앞에는
아빠와 하나가 마차에 앉아 손을 흔들고 있었어

넝마를 걸친 여자가 마차를 향해
중얼거리며 다가갈 때
호위 무사들은
여자를 발로 차 막았지

부른 배를 끌어안은 하나는 안간힘 쓰며
웃고 있었어

하나는 점점 길어지는 계단에 끝이 없다는 걸 알면서도
계속해서 올라갔단다

라나가 매일 계단을 내려가며 가슴을 꼭 쥐었던 거 기억나지? 그것처럼

후에 장님 여자가 성벽 아래서 밤마다 부르던 노래가
널리 퍼져
성까지 닿았단다

내 이름을 부르는 소리
나는 타오르는 불
탑에서 태어난 소문의 現^현
매일 복도를 헤매는 꿈을 꾸고
숲을 건너고 파랑을 넘네
창백한 심장 속 속삭임
이 노래를 들으면 이전으로 돌아갈 수 없네

그걸 세상 사람들은 아마 운명이라 부르겠지

눈이 펑펑 내리던 날

하나는 초록 눈을 가진 딸을 낳았단다

엄마
하나는 아기를 내려다보며 말했지

그 뒤로 어떻게 되었냐고?
같이 상상해볼래?

1

내리는 눈 속에 파묻혀 잠든 라나는 그대로
하늘나라에 갔어

하나는 그날 밤 꿈을 꾸었지
검은 새가 발치에 떨어져 죽는 꿈

그리고 하나는 엄마를 키우며
평생을 성에서 살았다

하나의 마지막은 아무도 몰라
어느 날 갑자기 사라졌거든
엄마처럼

2

하나와 라나는 계속해서 서로의 꿈을 꾸었던 거 알지?
그런데 하나가 아이를 낳던 밤부터
둘은 그 능력을 잃게 되었단다

왕이 죽고
하나는 여왕이 되었는데
폭군이 되었어

진실을 말하는 사람들을 다 죽여서
하나 곁에는 아무도 남지 않게 되었지

그런데 계속 성 너머에서 전해지던 노래만 유일하게
진실을 이야기했지

하나는 라나를 궁으로 불러들여
단두대에 목을 매달았어

진짜를 잊는 병에 걸려버렸거든

3

자고 있는 왕의 침실에 불을 지르고
하나는 아기를 데리고 성을 빠져나왔어

그때 마침 노래하고 있는 라나를 마주쳤지
셋은 들판을 걷고 숲을 넘어 바다끝까지 갔단다

거기서 행복하게 오래오래 살았단다

*

자, 어떤 결말이 마음에 드니?
나도 그렇단다

벌써 밤이 깊었네

이제 자자

임진각에서
—천사와 함께

 계단을 오르면 누각 임진강이 반짝인다 노랗고 빨갛고 하얗고 아주 큰 거울을 든 천사가 구름 뒤에서 빛을 옮기고 있다 북한이 보일까 싶어 괜히 손을 모아 눈가에 가져간다

 이곳은 군사시설의 일부로 사진 및 동영상 촬영이 엄격히 금지되어 있습니다

 강을 보러 왔을 뿐인데 사진 한 장 못 찍는다니 서운하다 너무 오래 보아서 눈 속에 찍힌 빛 도장이 사라지지 않았다
 풍경을 빛과 겹쳐 보기

 계단을 오르면 커다란 동상이 있고 아래에 시가 적혀 있다 오롯이 높은 산처럼 높은 것 밝은 태양처럼 빛나는 것 드넓은 대지처럼 넓은 것 간명하고 사실적인 문장 가끔 그런 게 참 좋다

 계단 끝에 녹슨 기차 그 위로 자라는 뽕나무 **철마는 달**

리고 싶다 날개가 펄럭이는 소리 한때는 서울역에서 파리도 갔다 했는데 삼등석 침대에 누워 몇 날이고 창밖만 바라보며 시간을 허비하고 싶다

1년 뒤 도착하는 느린 엽서 지금의 불행이 그때는 아무것도 아니기를 빈다고 썼다 놀리듯 북으로 날아가는 천사 계단을 내려와 차까지 걸어가는 동안 왜 사람들은 여기까지 나들이를 오는 걸까 궁금해졌다

지옥 체험관

끝없이 돌고 있는 허공의 검은 점은 어디서 온 걸까
나는 출처를 알 수 없는 슬픔을 가져서
자꾸만 길어지고
길어질 수 없을 만큼 길어지고

눈이 눈처럼 내리고 빛이 빛처럼 쏟아질 때 울타리를 뛰어넘는 양들 움직이는 눈덩이들

시작한 것을 멈추지 못해서 자꾸만 출발하고 출발하는 나의 두 발

목격한 것은 물 위를 떠가는 눈 코 입

돌아가는 기계 착실히 쌓여가는 네모난 어둠

모든 것을 잊게 해달라고 소원을 빌었어 불 앞에 서서 돌을 올리며 한 사발의 물그릇을 놓고 손을 모으며

머리를 숲속에 다리를 바다에 둔 채

잠에 들고

꿈
너는 이곳에 있을 수 없다

나는 계단을 뛰어오르고
골목을 달려
달리고 달려도

깔깔대며 쏟아지는 그림자

어린양들 눈덩이들 구르고 구르며 점점 커지는 빛의 합창

땀에 젖어 깼을 때

조용히 돌아가는 냉장고 소리
떠오르는 얼굴

*

 나에게는 단 한 사람이 있었다. 나무보다 단단하고 불보다 뜨거운 사람. 빛을 빛으로 자르는 사람. 그는 타일공이었다. 오와 열을 맞춘 네모난 것들이 정갈하게 온 벽을 뒤덮을 때만 그는 웃었다. 시멘트를 개어 얇게 펴 바를 때 그는 미동도 않고 말하곤 했다. 지금이 제일 중요해.

 나는 그를 따라 이 집 저 집을 돌아다니며 타일을 날랐다. 납작한 정사각의 어둠들이 쌓여 내 키만큼 커질 때 마침내 이해한 것이 있다.

*

눈 속을 떠다니는 벌레들
노려보면 노려볼수록 선명해지는 벌레들

입가에 묻은 양털을 떼어내 뭉치며
나는 꿈을 생각했다

자꾸만 도망치는 꿈을
기계의 반복 운동처럼

매일을 멀리서 바라보면
모든 게 같아서 무섭다

말시키지 마, 그 말을 듣지 않으려고 나는 늘 입을 꾹 다물었다. 서걱거리는 소리 톱날이 돌아가는 현장에서 계단을 오르고 또 오르며 뚝뚝 땀을 흘렸다.

그는 살아 있는 모든 것이 징그럽다고 했다. 흔들리는 나무 아래서 출렁이는 바다 앞에서 내가 두 손을 모을 때마다 그는 혀를 찼다.

꿈에서 깨면
의자에 앉아 나를 내려다보는
섬처럼 외로운 한 사람

한 손에는 호치키스를 들고
입술을 오려줄까?

쏟아지는 눈처럼
쏟아지는 눈처럼

역할 놀이

 천 개의 벽이 나란히 서 있는 끝없는 설원에서 끝없는 설원에서 벽 뒤엔 벽 벽 뒤엔 벽 줄줄 흘러내리는 어깨가 가득한 곳에서 아, 하고 소리치면 아아아아 소리가 돌아오는 곳에서 시작되는 역할극 이제 나는 나의 얼굴을 벗고 눈을 파 내려가 두 손이 꽁꽁 얼어 빨개질 때까지 꽁꽁 얼어 부서질 때까지 파 내려가 계속되는 계속을 위해 눈 코 입 빛나는 창백을 위해 한없이 구부러질 마음을 위해

 절벽이 모이면 평지가 된다는 거 알고 있습니까 낭떠러지는 홀로 있을 때 가능해지는 각이라는 것을 알고 있습니까 무엇이든 벌어지려면 예비된 공간이 필요하다는 것을 알고 계셨습니까 새벽만 오려 커다란 상자에 모아둔다면 방문하시겠습니까

 네가 발견한 건 작은 나뭇가지뿐이어서 너는 지워진 얼굴 위에 가지를 푹 꽂아 넣었지 눈을 깜박일 때마다 잎이 돋고 꽃이 피고 낙엽이 떨어졌지 점점 커지는 나무 때문에 결국은 고꾸라지고 말았지 눈 위에 누워 있는 네 팔다리를 바라보며 나는 뭉툭한 손으로 천사의 심장을 휘젓고 휘젓고 휘젓고 있었는데 펄럭이는 것을 온통 날개라고 믿으면 우리에게 열리는 순간이 있을까 내리는 눈 속에서

마주할 수 있을까

 아름다움은 참으로 무서운 것이라고 쓴 적이 있습니다 그때 어떤 마음을 갖고 있었는지 짐작이 되십니까 다가갈 수도 도망칠 수도 없어서 맴돌던 발끝이 향하던 방향이 보입니까 우리 안에 자라고 있는 생각이라는 그림자가 깊어지는 방식은 무엇입니까

 너무 투명해 아무것도 볼 수 없게 되었을 때 들리던 목소리에게 없는 입으로 대답해 들어와 내 안으로 들어와 영원한 메아리가 되어줘 돌고 있는 창 돌고 있는 섬 돌고 있는 나의 아름다운 눈 코 입 마침내 찾아낸 것은 새까맣고 작은 돌이었고 나는 눈이 있던 자리에 그 돌을 박아 넣네 그때부터 세계가 흑백으로 보여 윤곽만 보여 사라지기 직전의 바람 같아 들리니 네가 만 개의 귀를 흔들며 웃을 때 우리가 완성한 세계 각자의 자리에서 깊어지는 우리의 역할 우리의 우리의 우리만의 것들

 빛은 세계를 어둠으로 물들입니다 하나씩 솟아오르는 것을 밟고 끝까지 간다면 우리가 목격하게 될 것은 무엇입니까 끝을 알고도 시작할 수 있습니까 그런 춤으로 우리는 더 창백해질 수 있습니다 움켜쥘 수 있습니다

천 개의 벽에 금이 가고 눈 위로 쏟아지는 빛 풍경을 온통 부수며 반짝이는 아프고 아름다운 울림이 여기 있어 그런데 여긴 누구의 몸속이지? 천사의 몸 안에는 눈이 내리고 천사의 핏줄에는 눈송이가 흐르지 그걸 음악이라고 불러도 될까 마음대로 이름 붙여도 괜찮을까 물어도 대답 없는 층층이 쌓인 어깨 벽과 벽, 벽과 벽 사이로 희미하게 떠오르던 반투명한 그림자들 춤추는 두 발 같다 불타는 수면 같다 너무 차가운 건 뜨거우니까 다 녹이니까 그치? 끝과 끝은 닿은 채 돌고 있는 바다니까

나무는 나무의 일을 돌은 돌의 일을 하는 단정하고 깨끗한 곳에서 영원한 낮잠을 자다 문득 깨어나 모든 것을 잊고 싶어 돌봐야 할 손을 놓고 싶어 슬픔의 바깥에서 정제된 상태로 벽 벽 벽이 되고 싶어

처음부터 끝까지 처음부터 끝까지 괜찮아요 괜찮아요 그래도 괜찮아요 우리는 다시 시작할 수 있어요 너와 나는 한 나무에서 자라난 두 개의 가지 하나도 괜찮은 건 없는데 그렇게 말해보면 뭔가 달라지는 게 있을 것만 같아서 정말 있을까? 그런 거?

어느새 파묻혀 너는 더 이상 보이지 않고 거대한 나무

가 천 개의 벽을 무너뜨리는 순간 와장창 무너지는 세계를 뭐라고 부르면 좋지

  외눈박이 천사가 날아오르며 노래 불러요

  전부 옳다고 그게 맞다고 제자리로 돌아가라고 그런데 나의 제자리는 어디에 있죠?

사랑의 이름

섬은 숲이 잃어버린 이름이었다

섬은 길을 걷다 이유도 없이
뺨을 얻어맞고 운 적이 있다

그는 몇 번이나 반복해 말했다
그냥 때리고 싶었다고
그냥

섬

섬은 고아이고
곧잘 물건을 주워 오고

프라이팬, 머그 컵, 책, 수조, 바구니, 박스 들……
집의 한구석에 내내 쌓여갔다

필요도 없는데
서랍이 가득 차도록

다 쓴 건전지
처방받고 먹지 않은 약
통화를 하며 수없이 그린 동그라미가
빼곡한 종이들

섬

섬은 몇 번이나 사랑에 빠졌고
이별을 했으며
지옥을 다녀왔다

섬은 찾고 싶었다
기록 속의 기록
마음속의 긴 손가락
분리되기 이전의 참을

그건 언제나 위험하고
때론 너무 슬퍼서
연기가 되어 사라지는

빛

이름을 잃어버릴 수 있는 일이었다

우주는 소란으로 가득 차 있어
알고 있니

아무도 물어봐주지 않아서
섬은 혼자 깨달아야 했다

언덕을 오르면
하늘은 조금 가까워지고
바람은 다 뒤섞고 싶어
내내 흔들렸지만

섬은 숲이 잃어버린 이름이고
그건 변할 수 없는 일

울고 있는 섬을

힐끗거리며
사람들이 지나갈 때

마침내 투명해진 귀가
펄럭일 때

섬은 날아올라
천 미터 상공에서
도시를 내려다봤다

이토록 작은 모든 것들
이토록 작은 모든 것들

반짝이며 부서지는 섬을
눈치챈 사람은 아무도 없었다

아주 느슨한 시*

1

빛 속에 있는 건 다 아름다워서
두 손을 믿을 수 없었다

날개의 수런거림은 얼마나 가벼운가
창에 부딪힌 검정은 허공으로 쏟아진다

나 처음이야
네가 말하며 한 움큼 기울어질 때
눈이 내리기 시작했다

파도의 지문은 얼마나 깊은지
깊이를 따라 걸으면
곧 추락할 것만 같다

들숨 날숨 들숨
차곡차곡 쌓이는
숨

같은 리듬 속에서 사라질 수 있다면
거듭해 가정해보는 투명의 약속

2

한번은 꿈의 도시에 당도한 적 있다
바람의 장난 때문이었다

사방의 스크린에서
아름답고 끔찍하며 환희로 가득 찬
장면들이 끝없이 재생되고 있었다

나는 천천히 걸어가 화면에 손을 대보았다
꿈은 내가 휘두르는 대로
휘어지고 흘러내리며 뒤섞이기도 했다

꿈이 쏟는 손

손이 쏟는 꿈

문득 궁금해졌다
모든 스크린의 꿈을
동시에 쏟을 수 있다면

3

  사탕나무에 사탕이 맺히는 기간은 6~7월이며 작은 가지 끝에 10~15개씩 열린다 양방에서는 사탕나무 잎과 가지를 약재로 사용한다 열매는 슬픔이 끝나는 것을 지연시키는 효능이 있어 일반적으로는 섭취하지 않는 것으로 알려져 있으나 전문으로 채집하는 사람들이 있고 고가에 거래되어 애호가가 많다고 알려졌다

  —슬프지 않을 때 먹으면?
  —나도 몰라 근데 슬프지 않을 때가, 있어?
  —그러게

─그렇지

사람들은 그것을 천사의 눈물이라고 불렀다
철판 위에 가장 얇게
흩어지는 눈물

4

혈관 속을 파고드는 소리
붉게 채색된 세상은 혼의
이름을 부르고

마지막 숨은
언제나 날숨

물질과 비물질 사이
좁은 틈에서 들려오는
숨

그거 알지 어렸을 때 괜히
스탠드에 손대보던 거
빨간 게 신기해서
자꾸 했잖아

나무 사이 빛 무늬들이
네 얼굴을 밝고 어둡게 물들이는 동안

내가 삼킨 것은

5

그 나무는 집 주변에 심으면 안 된대
사람을 홀린대

모든 게 거꾸로 된다면
손으로 걷고 아침에 잠들고

거리엔 온통 나무뿌리

그때 우린 무슨 꿈을 꿀까?
이토록 가벼운 것은 처음이라고
눈 속에 누우며
나 처음이야 너는 다시 말하고

무서워져버려 나는 손을 놓쳤는데
저 검고 깊은 구멍 속에서
아주 조금씩 사라지고 있는 것은

밤마다 구멍을 드나드는 바람이
내는 휘파람 소리

마침내 내가 이해하게 된 것은

* 유리, 「아주 느슨한 시(A Loose Poem)」, 181.8×227.3cm, 캔버스에 유채, 2023. 이 시는 2024년 서리풀청년아트갤러리에서 진행된 〈흰 작살을 머금은 바다〉라는 전시를 위해 쒸어진 시이다. 전시는 유리, 박은진, 김유자, 김민정이 참여했고 류희연이 전시 기획을 맡았다.

프랙털

어둠 속에서 서로를 만지는 손들
눈을 가리고
이름도 모른 채

가능해지는 각이 있어요

가볼래?
저 끝까지

눈송이처럼 쏟아지는 졸음
꽃망울처럼 시끄러운 침묵

두 손을 맞잡는 순간 시작되는
파도

           *

아이는 뛰듯이 어른을 따라 걷고
텅 빈 고층 빌딩들

기울어진 전신주들

한 개 통조림을 두고
사력을 다해 싸우는 사람들 속에서

울면 안 돼
금세 배가 고파질 테니까

절망을 학습하기에 아직 이른 나이
가장 먼저 잃어버린 건 빛나는 눈

*

 이따금 이야기 속 인물들은 작가에게 말을 건다. 우리를 집으로 데려가줘요. 말을 걸다 걸다 듣지 않으면 마음대로 움직여버린다. 작가는 하는 수 없이 그들을 따라간다. 가슴엔 부서진 거울, 무릎엔 커다란 돌을 달고. 넘어져도 아프지 않게. 그런 예감 속에서 진행되는 불길한 줄다리기.

몇 번은 맘대로 사람을 죽였다. 옥수수밭에서, 절벽에서, 싸구려 호텔 방에서. 내가 만든 것이 나를 배반하는 것을 지켜보는 일. 사랑하라고 했는데 이별했을 때 그걸 쓰면서 울었다.

*

그거 알지? 지구의 나이를 하루로 치면
인간이 보낸 시간은 1초도 되지 않는대

1초에 얼마나 많은 일이 벌어질 수 있는지

다리 아래 서로를 끌어안고
잠든 아이와 어른

우리는 지구와 어울리지 않는
소원을 가졌나 봐

죽으면 정말 천국에 가요?

아이가 물을 때
말없이 등을 쓸어주는 커다란 손

그랬다면
정말 그렇다면

                *

창백한 입술이 떨릴 때
나비처럼 팔랑이며
사라지는 것

어둠 속에서만
보이는 것이 있어서

예민해지는 촉각으로

본 적도 없는 걸
마음에 둘 수 있을까
물으며

                *

작가는 어른을 엄마로 고쳤다가 다시 어른으로 바꾸고 튼튼한 빈집을 찾아줄까 고민하다가 그들을 다리 아래 둔 채 책상을 떠난다. 어째서일까. 기쁨은 아름답지 않아서 슬픔을 찾아다니게 되었을까.

두 손이 적는다. 자신이 작가라 이름 붙인 인물을 내려다보며. 계단을 내려가 광장을 가로질러 카페에 간다고 책을 읽는다고 적는다. 우연히 친구를 만나 서로의 작품에 대해 이야기하다 싸움이 난다고.

이제 그를 어디로 데려갈까. 어떤 아픔을 줄까.

꿈의 노래*

 이렇게 말해볼 수 있지 않을까. 어느 날 길을 헤매다 사랑에 빠져버린 사람이 소나기를 만나 사라졌다고. 그리고 사람들은 그를 두고 수없이 많은 이야기를 만들어냈다고.

 새를 타고 사라졌다고 믿은 다음부터 매일 꿈속에 찾아오는 커다란 날개가 있어서, 도무지 잠들 수 없는 날들이 이어졌고 그 밤마다 부르던 노래가 입에서 입으로 전해졌다고.

 잠든 사람의 꿈을 귀를 통해 훔쳐볼 수 있다고 믿어서 내내 동그란 것을 바라보던 밤이 있었는데, 그때 내가 목격한 것은 이름 붙일 수 없는 검고 찐득한 소용돌이였다. 너무 무서워서 그때부터 눈을 감았다.

 이렇게 말해보면 어떨까. 어떤 노래는 사라진 자리에서 불쑥 솟아 내내 흐르다가 꿈에 정박한다고 그걸 번역하는 두 손이 오래도록 만지던 어둠이 있다고.

* 시와의 노래 「꿈속의 새」를 소개하며 쓴 시.

일그러진 세계의 반영

 모두가 네트워크 카스파로 이주한 다음 세계에 남아 있는 것은 숨어 있는 사람들뿐이다. 그레타는 골목을 돌고 돌아 커다란 회색 건물 앞에 도착한다. 비좁은 계단을 타고 오르면 철문. 오래도록 소파에 앉아 있으면 그레타는 자신이 조금씩 지워지는 것 같은 느낌에 사로잡혔다.

 파괴를 꿈꾸며 그레타는 네트워크 카스파를 해킹하여 「일그러진 세계의 반영」을 모든 스크린에 재생했다. 토끼를 먹는 토끼 손가락 사이에서 풀이 자라는 병 물속에 가라앉은 건물들 하나씩 넘어지는 도시의 벽들…… 몸이 달라붙어 움직일 수 없게 된 사람들—손과 손 배와 등 혹은 머리와 발(결국 서로를 구별할 수 없게 될)—숨죽인 침묵 속에서 반복되는 장면을 모두가 바라보고 있었다. 탄식 눈물 분노 폭동 네트워크는 온통 지직거리는 수라장이 되었다.

 카스파에서 로그아웃해 도망치려는 그레타를 근위대가 둘러쌌다. 손목과 발목에 족쇄가 채워지던 순간 차갑고 무거운 감각 속에서 그는 단념했다. 끝없는 어둠 속으로 추락하다 문득 눈을 떴을 때 들려온 말. 그토록 많은 사람

의 이목을 집중시키다니 대단하다. 네가 카스파의 제작자가 되어 나를 돕거라.

 죽음을 면하기 위해 수락했다. 그는 갑자기 카스파의 임원이 되었다. 윤이 나게 닦인 사과 오렌지와 푹신푹신한 침대와 비단 이불 뜨거운 물을 가득 담을 수 있는 욕조와 갖가지 향료 앞에서 그레타는 자신을 설득했다. 나는 단지 이곳을 파괴하려 숨어든 것뿐이야. 모두 완전히 날 신뢰하게 되었을 때 네트워크를 전부 폭파하면 돼.
 하루가 지나고, 한 주가 지나고, 한 달이 지나고 웃고 있는 얼굴의 대규모 합창, 빛으로 가득한 카스파의 아름다움, 아무리 마셔도 줄지 않는 포도주를 가득 채워 축배를 드는 손들, 손들 그런 것을 만들고 만들고 만들다 세월이 흘러 그레타의 눈동자에서 빛이 꺼질 때쯤.

 대규모 시위가 일어났다. 히윤을 필두로 한 무장 단체였다. 카스파의 왕이 삭제되던 날 아침, 그레타는 가장 높은 탑에 있는 전자 감옥에 수감되었다. 열흘이 지났을까. 해가 뜨고 지고 항아리가 오물로 가득 찰 동안, 몇 번이나 이제 벌을 받을 시간이라고 되뇌었는지 모른다. 마침내 히윤이 그레타를 찾아왔을 때 얼마나 놀랐던가.

늙어버린 자신이 있었다. 눈이 푹 꺼지고 머리가 하얗게 새버린 그레타가.

나야. 네가 우리의 몸을 두고 떠난 뒤에 친구들이 찾아와 의식을 복원했어. 그래서 우린 둘로 나누어졌지. 카스파에 남은 너와 세계에 남은 나. 한동안은 계속 너를 기다렸어. 금방 돌아올 거라고 믿었거든. 근데 아니더라. 매일 손 놓고 집에 누워만 있다가 깨달았어. 일어나 나갈 때가 되었다는 거. 어째서 카스파에 남았어?

그레타는 히윤에게 낱낱이 고했다. 이루어지지 못한 자신의 계획도 함께. 작은 쥐구멍이 점점 커져서 나중엔 모든 생물들이 구멍을 드나들었고 거울 위로 한 방울씩 떨어지던 물이 부서지던 냄새가 꿈에 미친 영향. 비좁은 계단 끝에서 열리던 폭포와 폭포 아래 숨겨진 마을. 카스파에 모여 사는 세계인들의 이야기까지.

우린 내일 이곳을 삭제할 거야. 함께 돌아가자. 히윤이 말하고 그레타가 끄덕일 때. 검은 달이 뜨고 마을이 활활 탈 때. 간직한 마음의 층계가 한 칸씩 높아지며 흔들릴 때. 도저하다는 게 어떤 의미의 총합인지 깨달아버릴 때. 다 지워지면 우리는 어떻게 되는 거야? 여기 있는 사람들은?

거기 멈춘 해골의 자장가 모래 위로 부서져 불꽃으로 흩어지고 계속되는 계속과 멈춰 있는 멈춤 사이에서 흘러나오는 세계의 이명.

넌 나에게 흡수되고 우린 집으로 돌아갈 거야.
투명한 히윤의 허밍이 솟구쳐 별이 되고 일그러진 세계는 무한의 수은 속으로 가라앉는다. 죽음을 이해할 수 없어. 이해할 수 있어. 구별되지 않는 순간 나는 사라지는 걸까. 공중으로 뛰어오르는 돌고래들. 발 잘린 나무들. 이해할 수 있어. 이해할 수 있어. 이해할 수 있어.

그레타는 주머니 속 멸망 버튼을 만지작거리다 고개를 들어 바라본다. 그것을.

기도

두 손을 포개면 생겨나는 기적 같은 온기
속에서 불러보는

엄마
아빠

죽은 줄 알았는데

여기 계셨네요

숲속에 버려진 사체가 분해되는
속도로

깊어지는

      *

나는 구름에 주파수를 맞추고
물의 비명을 들어요

창백한 내 입술
점점 부풀어 오르는

들려줘요

엄마

비명은 천 번 담금질한 쇠의 내면

*

그게 그렇게 좋아?

묻지 말고
그냥 해줘

미친년이라고
다시 불러봐

썩어가는 몸에서 가장 먼저 사라지는 건
어딜까?

숲숲숲

숲이 되기 위해
기다리는 동안

                        *

아름답게 땋아 내린 머리가 흔들리고

아빠

이 창을 불어 빛을 끄세요

후
후

후

아무 변화 없는 조도

                *

절망 속에 갇혀 노래하는
잘린 머리들

부풀어 오르는 입술

음소거된 세계 속에서

눈 깜박

열렸다 닫히는 동안

*

나 어렸을 때 매일 기도했지. 진짜 엄마 아빠가 날 데리러 오게 해달라고. 그러나 그들은 날 찾지 않았어.

난 버려졌어

흘러내리는 은빛

누가 날 갖길 원할까?

목격자

 귀신들은 우리 머리 위를 배회하고 있다. 딸꾹질. 우리가 돌아가며 쓴 노트. 빛나는 것을 보려고 고개를 들었을 때. 돌고 있는 허공의 나무들. 눈송이들. 딸꾹질. 종말이 오면 어떻게 하지. 몇 번이나 같은 질문을 하고. 구름 속에 숨겨둔 페이지. 딸꾹딸꾹. 닿자마자 녹아버리는 눈송이, 빛. 노트에 적혀 있던 문장. 절대로 숲을 믿지 마.

 딸꾹질. 딸꾹질. 몇 번이나 반복해 읽은 책을 다시 읽는 밤. 귀신들이 부르는 돌림노래. 즐거워 이 시간은 즐거워. 끌어안고 밀치기. 딸꾹. 비밀이 있다면 그건 더 이상 나눌 슬픔이 없다는 것뿐인데. 그래도 괜찮아? 밑줄 긋고 덮어버린 우리의 바다에서. 무한히 반복되는 딸꾹질. 그걸 보고 있는 네 개의 다리.

 나만 쓸 거야. 이제 내 시에 너는 들어오지 마. 그런 말을 했는데. 나뿐인 눈밭에 남아. 우수수 쏟아지는 잎잎잎. 더 이상, 더 이상, 더 이상 사랑할 수 없을 때는 끝없이 손가락을 세고. 밤새도록 거리를 쏘다녔지. 영혼을 뒤흔드는 딸꾹질. 물을 안다고 적고 물을 모른다고 말하고 이별을 대할 때는 깨끗한 얼굴로, 딸꾹.

 이번 생은 다 끝났어요. 이제 상영관을 나가주시기 바랍니다. 멀리서 아르바이트생이 빗자루를 들고 기다리고 있었고. 엔딩 크레디트가 와르르 무너지는 동안. 온몸을 뒤흔들며. 딸꾹질. 빛의 딸꾹질. 어둠의 딸꾹질. 목소리 목소리가 들려. 말해줘. 한 번 더. 그런 말이 들려올 때. 딸깍, 문 닫히는 소리. 영영 눈밭에 서서. 종말이 온다면.

 아니 온 걸까. 마지막 대사를 아직도 기억해. 죽어. 그런 말을 마지막까지 잊지 못해서. 죽어. 죽어. 계속 되뇌던 밤이 있었고. 삶이 한 편의 영화라면. 나의 배역은 무엇이었던 걸까. 노트의 맨 마지막 장에 적혀 있던 질문. 쫓겨나면서. 아무것도 모른다는 얼굴로. 어리둥절해하며. 딸꾹딸꾹. 귀신들이 다정히 어깨를 주물러주는 밤.

 종 치는 소리가 들려. 멀리서부터 울리는 소리가 들려. 눈 속으로 걸어가는 비스듬한 어깨. 잘리는 풍경. 파도가 왔다 갔다 지워버리는 우리의 문장들. 귀신이야. 다 주문

이야. 절대로 눈 뜨지 마. 펑펑 쏟아지는 딸꾹질. 가운데 주저앉아. 말했지. 말하지 못했지. 딸꾹. 딸꾹. 모든 질문을 지워버리는 딸꾹질.

4부

비신비

불을 가지고 놀던 한낮
얼어붙은 주머니
뒤집힌 벌레
높아지는 계단

이제 말하지 말자

펄럭이는 새의 날개
너의 창이 온통 반짝이던 밤
하늘의 눈동자가 열리는 순간의 정적은

나는 내내 걷고 있었는데
건물이 쏟아지고 나무가 흔들리고
손끝부터 닳아가는 웃고 있는 사람들
풍경이 표정을 바꾸며 곁을 스쳐 지나가

네가 쓴 엽서
가루가 되는 건 너무 쉬운 일이더라
환하게 빛나는 건 기쁘고 슬퍼서

하루를 살면 이틀 치 기억을
잃어버리게 되더라

몇 번이나 꺼내 읽다가
조금 죽었다가

다른 사람이 되어버렸어

전소하는

기분이 어떠니
기분이

계단을 오를 때는 뒤를 돌아보지 않는 법
불 꺼진 창을 들여다보려고
까치발을 들던 한밤

다 알아버린 얼굴로
돌아오는 길 이제

그런 노래는 부르지 말자

불숲
녹아내리는 주머니
날아오르는 벌레들

의미 없는 삶

너와 캠핑을 가 모닥불을 피운 밤을 떠올렸다. 그걸 써야겠다고 생각하며 천천히 기억을 더듬고 있었다. 치솟는 불을 보면 어쩐지 마음에서 촛농이 뚝뚝 떨어지는 기분이 들어. 모든 게 더 가깝다. 언젠가 할 수 없는 것이 많아지면…… 나무를 주워 와 불을 피우고 멀리서 나무가 흔들리는 소리를 듣는

그런 생활을 해도 좋겠다.

첫발
땅을 박차는 순간의 힘
시공을 찢는 힘

나는 처음 본 사람을 원할 수도 있는지 물었는데, 너는 돌을 금으로 만들려고 애쓰던 옛날 사람들 이야기를 들려주어서 내내 그것이 어떤 의미인지 곱씹게 되었다. 나는 가끔 내가 거대한 솥에서 끓고 있는 낙엽 같아.

세계가
매일 환하고

매일 어둡다는 것을
알지만 이해하지 못해서

어째서 우리는 자꾸 광물의 마음이 되는 건지, 그걸 분류하고 들여다보는 눈은 왜 차갑게 빛나는 건지. 너만 알고 있어,로 시작되는 긴 이야기를 하고 싶었는데 들려줄 비밀이 없어서.

비밀이 없다는 건 조금 슬프고 조금 안심되는 일. 공중에 떠다니는 불티가 아름답다. 그런 걸 보면서 아름답다고 느끼는 게 웃겨. 우리가 한때 모르는 사이였다는 게 이상해. 닮은 구석이 없는데도 너를 보면 나를 보는 것같이 익숙해서. 그때 알았다. 너를 사랑하게 되었다는 것을. 돌을 금으로 만들려는 것은

열망일까, 오만일까 강바람에 하얀 입김이 흩어질 때
수면 위로

금박을 입힌 가느다란 막대가 떠올랐다

설명할 수 없지만 그건
우리다

*

구체가 돌고 있다
검은 구체가 돌고 있다
허공에 검은 구체가 돌고 있다

악마의 손은 따듯하고

가장 짙은 검정은
빛을 흡수한다

언제쯤 조랑말을 그냥 말이라고 부르게 되는지 알아?

말은 달리면서 조금씩 놓친다

자신과 시간과 공간을

자신과 시간과 공간을

*

 가끔 우리가 커다란 동물 속에 살고 있는 작은 세포들 같다고 느꼈다. 사람을 구하고 싶은 마음은 어디서 오는 걸까. 알고 있니. 어쩌면어쩌면어쩌면으로 시작되는 질문과 가정 들. 사는 것에는 아무 의미도 없는데 너 때문이라고 생각하면 조금 더 살아도 될 것 같아서. 내가 모르는 세계의 규칙이 있을 것만 같아서. 그런 것을 믿는 힘을,

 비웃으면서도 은밀히 소망했다. 나의 새가 숨을 멈추며 날개를 접을 때.

 밤새 오열했다는 말 대신 웃음이 났다고
 적었다 나는

 내가 악마이기를 바랐다

*

구체는 돌면서 커진다

불이 타올라
불이 타올라

최초의 낙마는 가장 자신 있었을 때
우리는 하나고
어디든 갈 수 있다
확신했을 때

산 위로 도깨비불이 그네처럼 흔들거리고

봐 네 눈을
봐

*

불 앞에서만 꺼내놓을 수 있는 얘기가 있다면, 물 앞에서 꺼내놓는 이야기와는 다른 이야기. 활활 타오르는 것을 보며 시간이 영원히 멈춰버리길 바라며 자꾸 장작을 집어넣었다. 봄을 열고 나갔다가 겨울에 돌아온 사람이 겪은 믿을 수 없는 나날. 내가 감히 상상해도 될까. 나의 여름과 가을은 무람하게 흘러갔다. 빈 곳을 응시하는 눈의 뿔이 길어졌다. 투명하고 긴 고깔 모양의 뿔. 양피지 위에 휘갈겨 쓴 천 년 전의 편지. 벌거벗은 채 땀을 흘리며 운전하는 꿈을 자꾸만 꿨다. 브레이크가 들지 않아.

누가 나를 멈춰줘

끝없이 달리다 결국
나무가 된 채 절벽에 서 있었다

단 한 번도 움직여본 적 없는 것처럼

*

나의 취미는 기만이고 나의 특기는 절망이다. 혹자는 나를 보고 할 줄 아는 게 절망뿐이라고 했다. 중요한 건 절망이 아니라 절망이 도래하는 길인데, 왜 모를까. 진짜 절망뿐이라면 단 한 마디 절망이라고 쓰면 될 텐데. 내가 이런 얘길 하면 너는 갑자기 조용해진다. 긍정도 부정도 할 수 없는 사람. 아주 조금씩 움직여 결국 태산을 들어 올리는 사람.

모든 것을 메타포로 말하려는 네가 싫다

네 이름을 전부 지웠어
네가 오해할까 봐

내 책상은 화단 한가운데 있다. 머그 컵에 꽂힌 연필들에 자꾸 봉오리가 맺힌다. 나는 그때마다 가위로 싹둑싹둑 자르지. 피어나지 마. 꽃이라면 지겨워.

지겨워

너는 말했다
집을 떠나던 날이 생각나서
봄이 싫다고

*

너를 마중하던 날 운전을 하다 로드킬당한 고양이를 봤지. 나는 비명을 지르고 너는 침묵했다. 나는 이제 슬픔이라면 지겨워. 신나고 귀여운 것만 생각하고 싶다고.

자는 것처럼 보여
잠든 것들은 다 예뻐 보여

영원히 도착하고 싶지 않은 마음도 세상에는 있어서 계속 브레이크를 밟았다. 네 집이 더 멀리 있으면 좋겠다고.

*

타고 남은 것은 전부 색을 잃는다

미리 적어두었던 마지막 문장

예전에는 사랑은 잿더미를 뒤지는 손이라 썼는데, 이제는 타오르는 것을 가만히 지켜보는 일이라는 생각이 들어.

결국 금이 되지 않더라도 마음만으로도

사랑하는 머리

4

달은 갈비뼈를 열어
빛의 계단을 만든다

2

맨 처음 너는 가방 안에서 발견됐다
노트북을 꺼내려고 지퍼를 열었는데

네가 있어서 얼마나 놀랐지?

어둠 속에서 자꾸 부러지는 게 있어
있어

이건 어디서 생겨난 빛이지
알고 싶지 않아서 내내 헤매던 날

썼다 지웠다 한 모든 말이 나를 찾아와
멱살을 쥐고 흔들던 날

더는 고백할 것이 남아 있지 않아요
고백해버린 날

옷장에 넣어둔 가방 속에서
머리가 말했다

3

은밀한 상징의 성질은 투명
다 보여서 너무 다 보여서
가능해지는 파도

네 몸을 조금씩 잘라
피를 찍어 썼다

네가 죽어가는 게 너무 슬퍼서
자꾸 눈물이 났다

끈적거리는 심장을 손에 쥐었을 때
작별 인사

눈 속에 묻힌 책을 찾아 나섰다

머리만 남은 너를 안고

1

어쨌든 시는 기울어진 언덕을 베고 태어난다

머리와 함께 빛 속에 도착했을 때
너무 지쳐 벤치에 놓아둔 머리가
고꾸라진 줄도 몰랐다

색색의 빛은 자꾸 망친다
나의 날개는 아직 다 자라지도 못했는데
나무들이 간지러워 비틀거리는 소리

머리는 소녀의 얼굴을 한 채
울고 있었다

달리면서 쏜살같이 흘러가는 풍경을 만나고 싶어

나는 자전거를 훔친다
바구니에 소녀를 집어넣고
페달을 밟는다

가짜 나무 아래 멈춰 서서
본다는 일에 대해
듣는다는 숙명에 대해
오로지 남은
동그란 것에 대해
자꾸만 골똘해지면

슬픔이 푸르게 솟아나는 소리

다시 태어나면 뭐가 될까?
잠들지 못하는 밤마다 하는 생각이
점점 커져 기차가 되어 달려오고

지난달에 출판사에 갔잖아
문장만 좋으면 뭐 하냐고 그런 말을 들을 때
왜 아무 말도 못 했는지 모르겠어

소녀를 들어 올려 눈을 맞춘다
네가 도와줘야 돼
나는 그냥 받아 적기만 하니까

소녀는 말한다
그렇다면 나를 데려가줘

아직도 봐야 할 게 남아서

소녀는 노인의 얼굴을 한 채
웃고 있다

무릎을 베고 노인이 졸기 시작할 때
모든 빛이 일시에 꺼질 때
아무것도 보이지 않아서

무엇이든 감출 수 있는 시간은
슬픔이 자라기 좋은 시간인데

어쩌다 머리와 시를 쓰게 된 걸까
비밀은 무겁고
무거운 것은 나의 주머니
주머니 속에서 쏟아지는

색색의 빛이
눈 속에서 긴 꼬리를 만들 때
노래가 시작되고
노래가 끝나지 않아서

차가워 너무 차가워

노래를 너무 많이 들으면
다음 생에 선인장이 된다고
머리가 얘기했는데

영원을 발음할 수 없게 된 다음부터
인간은 자라나기 시작한대*

철창에 갇혀 있는 달을 봤어
유리병 속 색색의 물약을 손으로 쓸어보며
갇혀 있는 건 우리야?

광장에 모여든 사람들
가장 빛나는 것들 손에 쥐고
하나의 구호를 외치며

한마음이 된다는 건 무슨 뜻일까

언니가 누워 있기 시작한 뒤로
며칠이 흘렀고
그때부터 우리는 각별해졌는데

사랑한다는 말은 무수한 별들을 한꺼번에 쏟아내는
거대한 밤하늘이다**

무릎 위에서 목도리는 한없이 길어지고
언니

닫힌 문 뒤에서 다급히 들려오는
소리, 소리

희망은 힘이 세니까

그건 우리가 함께 묻은 돌을 꺼내는 주문 같아서
흩어지는 포말
바구니를 놓친 순간 우르르 쏟아지는 열매들
묻혀 있는 건 돌뿐이야?

아무도 믿지 마
그런 말을 자주 했는데 언니는
눈을 감으면 흐르는 영상

사랑한다는 말은 가시덤불 속에 핀 하얀 찔레꽃
사랑한다는 말은

나는 발끝 손끝
가장 선명하게 가진 순간

다 잃어버렸는데

언니는 무엇을 가져서
그토록 오래 누워
하나의 방향을 바라보게 되었을까

개를 데리고 가는 사람이 있으면 어쩐지
끝까지 바라보게 되었어
흔들리는 어둠 속 빛들
단정하고 깨끗한 손들

붙잡고 싶은
바다의 눈물

내가 모르는 게 아직 많다고
다 알려준다고 그랬는데
나는 물병에 꽂힌 한 송이 장미를
매일 바라보았는데

벌어지는 꽃잎
행진 행진
사람들
사람들 속에서

얼어붙은 나무 아래
휘날리는 깃발들

달력을 넘길 때마다
사라지는 건
조금씩 투명해지는 몸

그 얼마나 놀랍고도 황홀한 고백일까
우리가 서로 사랑한다는 말은

정말 사라져야 하는 건 따로 있는데
어느 날 아침 혼자 눈을 떴을 때

남겨진 건 나야? 언니야?

* 윤석열 탄핵 시위에 다녀와서 쓴 시.
** 이해인의 시 「사랑한다는 말은」 중에서.

망각의 코트(court)

대화의 침묵 속에 영원히 남아 있고 싶어

그런 거 있잖아 처음에 내가 손에 든 건 다섯 개의 칩이었는데 그게 순식간에 스무 개가 되고 서른 개가 되고 나는 머리를 굴리기 시작했지 하루에 한 시간씩 빨간 의자에 앉아 있으면 한 달이면 칠백오십 개의 칩이 내 손에 들어올 테고, 만약 내가 다섯 개가 아닌 열 개로 시작했다면 지금쯤 몇 개가 쌓여 있을지

◎◎◎◎◎
◎◎◎◎◎
◎◎◎◎◎
◎◎◎◎◎

그러다 한순간에 스무 개를 잃고 괜찮아 어쨌든 본전이야 열 개에서 시작해 그러다 열 개를 잃고 나는 주머니를 열어 다시 다섯으로 다시 다시 다시…… 그렇게 전부를 잃는 거지 그땐 칠백오십 개는 안중에도 없지 처음으로, 이 게임의 시작 전으로 돌아갈 수만 있다면 빌고 빌며 눈

앞에서 모든 걸 스스로
 잃어버리는 거지

 이 대화의 침묵 속에 영원히 남아 있고 싶어

 이건 어느 책에서 보고 적어놓은 메모였는데 각주를 달 아야 하는데 어떤 책이었는지 생각나지 않고

 나는 울면서 네게 고백하지 너의 주머니가 텅 비게 된 이유를
 너는 잊어버리자, 말했지만 나는 잊지 못하고 내내 네 안색을 살피지 모든 게 그날 아침 폭설이 내려 출근을 하지 못한 것 때문이라고

 아아
 그래
 눈이 내려 전부를 잃게 되는 이야기

이기지 마
지지도 마

침묵 속에 영원히 남아

활짝 열린 문
밖으로 펑펑 눈이 내리네

끝끝내 애를 쓰다 다 놓쳐버려 와르르 무너지는 천 개의 칩처럼 계속 잡아당기던 밧줄이 결국 손을 앗아가는 것처럼 하얀 눈 위로 쏟아지는 빨강처럼

남아

불행 중독

 무엇이든 써놓고 마지막에 사랑을 말하면 된다고 누가 그랬지? 나는 사랑이라는 말이 싫고 그동안 쓴 사랑이란 말도 전부 검은색으로 칠해버리고 싶다고 빈 교실에 앉아 생각했는데 어제는 처음 보라색 제비꽃이 계단 틈에 핀 걸 봤고 부풀어 오르는 커튼

 고가도로에서 나비를 치고 지나가는 차를 본 날 돌아와 쓴다 사람은 자기가 상상할 수 있는 지옥만 만든대 추운 나라 사람들은 지옥을 얼음이 가득한 곳으로 더운 나라 사람들은 지옥을 불이 가득한 곳으로 나는 어렸을 때부터 죄지으면 거꾸로 묻혀 나무가 된다고 생각했는데 나무가 너무 무서웠는데

 같은 말을 반복하면 그 말은 의미가 없어지니까 계속 사랑을 말하면 사랑이 다 사라질 거라는 이상한 믿음 모래알이 진주가 되는 리듬으로 겨울 다음 봄이 오는 무구한 악의 표정으로 흙 속에서 나무들이 부르는 비명의 합창 그걸 봄이라고 부르고 깨끗한 발을 이불 속에 감추기

증오가 나를 불행하게 한다는 생각 더는 미워할 것이 없어지면 그땐 무엇으로 살까 주머니를 뒤적이며 무얼 찾는지도 모르는 채 뒤적이며 나무를 올려다보던

눈보라의 나날

계속 들여다보면 열리는 세계가 있다 수백 번 되풀이해 읽어야만 열리는 구절

눈 속에는 졸음 가루가 섞여 있어서 그걸 맞으면 거리에서 사람들이 푹푹 쓰러졌다

안전재난문자: 오후 5시부터 눈이 내릴 예정이니 외출을 삼가시기를 바랍니다.

내가 잠들어 있을 때마다 조금씩 모양을 바꾸는 목조 주택에서
잠에서 깨 가장 먼저 하는 일은 화장실이 그대로 있는지 확인하는 것이었다

삐거덕거리는 계단을 밟고 오르면
혼자 서 있는
창밖의 나무 한 그루

빛

온통 빛이라 적고 그걸 시라고 하면 안 될까

열리지 않는 문 앞에서

흘러내리는 손목

왜 나는 놀랄 때마다 엄마야, 하고 말하는 걸까 엄마도 없는데

눈이 온 날
일부러 눈을 맞으러 나갔던 일

나무 옆에 앉아 작게 부르던 노래

오래도록 들여다볼 때 마침내 글자들이 흩어져 공백이 되고

눈이 쏟아질 때

나는 한 편의 시 속에서 잠들고
영영 일어나지 않기를 바란다

태양은 비누를 주조하는 커다란 솥

나는 일생 동안 솥을 젓는 벌을 받았지 빙글빙글 돌아가는 연기 멈춰 선 기차 등을 맞댄 그림자들

돌고 있는 것을
냄새를
내내 맡고 있으면

두 팔은 침묵하는 볼트와 너트
세계는 가라앉아

공장장은 자주 뜨거워지고 계절 없는 우주에서 우리는 연거푸 한숨을 쉬지 저어라 저어라 저 빛이 눈물에 녹아 뒤섞일 때까지

비누의 재료는 빛
모두가 꾸는 꿈의 첫 장면
노래의
맨 마지막 음
나무에 열린 탐스러운 아가들

돌고 있는 것을
내내 보고 있으면

침묵하는 볼트와 너트
세계는 가라앉지

기쁨을 빚어 만든

 나카노 상은 즐거워 보여요. 가만히 턱을 괴고 나를 바라볼 때. 흩날리는 미소. 세상의 모든 기쁨이 파랗게 물들 때. 물을 찍어 책상 위에 쓴 한자. 겸(兼).

 나는 몇 번이나 머리를 고쳐 묶고. 이해할 수 없어서 넓어지는 공기. 추락은 빛의 성질이라 말하고, 후회했어요. 자꾸만 빛에 대해 말하려는 습관이 싫어.

 얼마나 큰 창인가요?
 정적 속에서 흔들리는 웃음은

 나카노 상, 지난밤엔 당신을 위해 크림브륄레를 만들었어요. 크림을 젓고 설탕을 녹이는 동안. 투명을 검게 채색하는 동안. 경멸에 가까운 손목이 삐꺽거리며 돌아가는 동안.

 은빛 선로가 태양 아래 수축과 팽창을 반복하고
 눈을 가려요

어둠이 만드는 부푼 섬망을 지켜봐요

흘흘
흘

깜박이는 우리의 창

자, 입을 벌려요

한곳이 벌어지면 한곳이 다무는
신비한 몸의 현상

어둠은 임계점을 넘어선 겸(兼)
끝도 없이 벌어지는 가지의 끝과 끝

  웃어줘요. 다시. 시작되는 곳은 딱딱한 병이 출발하는 가장 깊은 곳. 오장육부가 덜덜 떨릴 때. 그게 웃음의 미지이고 비밀이죠.

개들이 전속력으로 달려오는 동안. 허공을 찢으며 미소, 미소. 서로를 찍어 쓴 비밀의 날들. 그게 우리를 만들었어요.

흘
흘
흘

벌떡 일어나자 넘어지는 의자
들려오는 기적 소리

손끝이 맞닿으려는 순간
펄럭이는 공중

역시 나카노 상에게는 웃음이 제일 잘 어울려요

완벽한 투명

 죽은 너의 손을 잡고 흰 눈 속을 걸을 때 네가 말했지 해변을 서성이며 모래 위에 편지를 적던 푸른 손의 소녀 얘기

 지워지라고 지워지라고
 모든 물음표가 세상에서 사라지던 날

 열 개의 심장을 다 팔고
 돌아오던 언덕에 서서 본

 읽지 말라고 쓴 거래
 읽지 말라고

 우리의 마지막 기억나? 눈 속에 누워 한 얘기 완전히 사라지고 싶다고 흔적도 없이 사라지면 얼마나 좋을까 생각한다고

 나는 언젠가 그런 시를 쓴 적이 있는데
 모든 말을 잊는 병에 걸린 네가

마지막으로 잊어버릴 말이 뭘까
그런 시를

나뭇가지 돌 부서진 타일 꽃잎
산책 갈 때마다 네가 쥐고 돌아왔던 것들

소녀는 아직 해변이야 문장을 끝마치지 못해서
끝마치지 못해서

어째서 원하는 걸 얻으려고 하면 자꾸 다른 걸 갖게 되는 걸까

부를 수 없는 이름

동네 어른들이 쉬쉬하며 그 미친 여자가 또 눈밭에 나가 서 있다고 바람처럼 흩어지는

여자가 뭘 기다리는 줄도 모르고

언덕에 서서
주머니 속 지폐를 만지작거리면서
뭔지도 모르는데
없는 심장이 아파

모든 물음표가 빛으로 왈칵 쏟아지던 날

눈은 눈처럼 내리고

있잖아 가끔 기다리려고 태어난 것 같아
내가 사물 같다

차가운 손을 놓으면 다 사라질까 겁이 나 나는 몇 번이나 다시 들려달라 졸라댔고 너는 머뭇거리다가 투명에 가까워지고

소녀가 자라서 미치는 동안
눈이 내려
아무도 읽지 못한 편지는

부를 수 없는 이름

내가 꿈속에서 이걸 몇 번이나 반복해 겪었는지
모를 거야
아무도

노래를 듣는 사람

빛으로 지워진 얼굴 한가운데서 파도가 친다.

그런 이야기 들어본 적 있어? 한 사람이 종말 후 지구에 혼자 남겨져 계속 글을 쓴 거야. 낮에는 아무도 없는 마트나 편의점, 가정집을 돌아다니면서 통조림, 비스킷 같은 것들을 모아왔지. 밤에는 그것들을 아주 조금씩 먹으면서 평생 머릿속을 돌아다니던 목소리를 받아 적은 거야. 그는 하나의 이야기를 완성하고(그 책은 몹시 두꺼웠어. 담요 뭉치에 감싸진 책을 보면 마치 오븐 속 빵처럼 부풀어 오르는 것 같았어. 어떨 때는 잠든 아기 같았고) 맨 앞을 펼쳐 처음부터 그걸 읽기 시작하지, 그 책을 읽으려고 태어난 사람처럼. 밤새도록 게걸스럽게 그걸 읽어. 먹지도 마시지도 자지도 않고, 마지막 장까지 읽은 다음 책을 덮고 그는 긴 한숨을 쉬었어. 그러고는 책을 불 속에 던져버렸어.

다음 날 다른 날들과 같은 그의 하루가 시작되지. 음식을 찾아 떠돌고, 글을 쓰는 날들. 다시 책을 완성하고 읽고 불 속에 집어 던지는 날들. 그러니까 그는 죽을 때까지 하나의 이야기를 반복해서 쓴 거지. 그런데 그가 처음 썼던 얘기와 마지막으로 쓴 얘기가 얼마나 같을 거라고 생각해? 그가 반복해서 쓴 모든 이야기가 전부 같은 이야기일까? 만약 다르다고 생각한다면 그가 여러 권의 책을 쓴 거라고 생각해? 만일 같다면……(그럴 수는 없겠지만) 그런데 아무도 읽지 못할 게 분명하잖아. 아무도 듣지 못하는 소리는 소리라고 하지 않는대, 그건 진동이래. 그럼 아무도 읽지 못할 때조차 책은 책일까? 반복해서 단 한 권의 책을 쓰는 마음은 무엇일까.

파도가 친다. 지워지는 눈 코 입.

그런 이야기는 너무 쓸쓸해서 어쩐지 눈물이 날 것 같지. 난 사실 한 사람 한 사람이 하나의 돌림노래 같다고 생각했어. 어떤 사람은 노래를 들어. 내내 무엇을 하든 배경음악처럼 삶을 끈질기게 따라다녀. 그래서 받아 적는 거라고. 평생 자신의 노래를 눈치채지 못하고 죽음에 이르는 사람도 있겠지. 노래를 듣는 사람은 평생 노래를 온전히 해석해내는 법에 몰두하며 반복하게 되는 거고. 그건 어쩌면 춤이 될 수도 책이 될 수도 때론 그저 삶에 온전히 집중하는 것이 될 수도 있겠지. 그런 사람들은 전부 비슷한 지점을 공유한다고 생각했어. 듣는 사람, 듣지 못하는 사람. 어쩌면 듣는 일은 가혹한 형벌 같기도 축복 같기도 해. 아무것도 모르고 사는 게 더 나을지도 모르는데. 어둠 속에 잠겨 생각하게 되잖아. 어째서 이 모든 것을 알아버린 걸까.

그 이야기를 하는 동안 우리 사이에 놓여 있던 팥빙수가 전부 녹아버렸다. 곤죽이 된 것을 맥없이 숟가락으로 휘젓다가 우리는 말없이 카페를 빠져나왔다. 한참을 걷다가 공원 입구에 다다랐을 때 너는 말했다. 어째서 그런 생각을 하는 거야? 세상에 혼자 남겨진 사람에 대한 생각 같은 거. 그렇게 말하는 네 얼굴은 금방이라도 부서질 것처럼 얇은 얼음. 나는 근사한 이야기라고 여겨 말을 꺼냈는데, 왜 너는 눈물을 쏟는 걸까. 어디서부터 어긋난 걸까. 손끝을 만지작거리다가 나는 네게서 한 발자국 물러선다. 왜 우는 거야? 물을 수 없어서. 흔들리는 나무 사이로 쏟아진 빛무리가 우리 사이에서 반짝이고 있었다.

수만 갈래로 일렁이는 물결. 떠오르는 눈 코 입.

밤, 나는 홀로 책상에 앉아 단 한 사람을 떠올린다. 그가 가장 큰 기쁨을 느낀 순간은 언제였을까? 처음 책을 완성한 때였을까, 아니면 어렸을 때 좋아하던 자이언트 옥수수 통조림을 발견한 순간이었을까. 가장 외로웠을 때는 언제였을까? 아무도 읽어주지 않는다는 것을 뼈저리게 통감한 순간일까, 불 속에서 활활 타는 종이 더미를 바라본 때였을까. 문득 꿈에서 깨 혼자라는 사실을 다시금 받아들이며 울음을 터뜨리던 밤이었을까. 나는 결코 알 수 없어서 계속 생각하게 된다. 사람은 어떤 방식으로 환희에 다다르고 또 절망하게 되는 걸까. 너도 내게는 마찬가지다. 도저히 온전하게 포개어질 수 없는 사람. 가까이 갈수록 서로의 결핍이 서로를 할퀴게 되고 마는 것을, 우리는 언제까지 견딜 수 있을까. 그런 것을 사랑이라 불러도 되는 걸까.

무간나락(無間奈落): 영원한 겨울

가능한 것이 다 사라진 다음

색상 조견표를 들여다보는 동안
겁이 많은 사람과 함께 자전거를 타는 동안

수없이 많은 눈이 내렸다

∞

가끔 꿈에 죽은 애인이 찾아와 산 것처럼 먹고 마셨다. 그때마다 나는 같은 실수를 반복하지 말아야지 다짐했지만 거짓말처럼 반복되었다. 매번 눈 속에서 손을 놓치며 깼다. 네가 살아 있었을 때 나는 매일 굶고 가끔 새 모이만큼 먹었다. 어떻게 내 사랑을 지켜야 좋을지 몰라서. 기침할 때마다 흩어지는 눈 코 입. 눈물은 뒤뜰에 묻힌 종말.

수없이 많은 눈이 내린다
영영
그걸 뭐라고 할 수 있을까

뭐라고 해도 될까?

가령 살구라고, 정적 속에서 삐걱거리는 나무 천장이라고, 산 위에서 흔들리는 도깨비불이라고.

때로 기억은 가장 포악한 짐승으로 찾아와 잇몸이 시원해질 때까지 물고 늘어진다.

눈처럼

나는 기차를 타고 먼바다에 가는 도중
믿을 수 없이 아름다운 사람을 만나 사랑에 빠지는 일을 기다렸다
차창에 비친 네 얼굴과 내 얼굴이 포개지는 순간

다 알 것 같아
결코 바다에 닿은 적 없이도 바다를 달리고
포옹을 했다

그걸 뭐라고 하면 좋을까

잠든 네 입속에 불을 넣어주었다
꺼지지 않는 불

∞

지옥에서 만나

차가운 인사를 흔들면 빛은 무한한 날개를 펼친다

나는 너의 태양
나는 너의 종
나는 네 심장 속 작은 새

커다란 발을 가진 도깨비들이
꿈으로 쳐들어올 때

우린 단지 손을 맞잡은 채

웃고 있었다

∞

한번 문 것은 절대 놓지 않는다
그것이 기억의 성질
형태를 바꾸는 마법

펑펑
쏟아지는 동안

우리는 눈을 뭉쳐 커다란 뿔을 만들었지
그리고 그것을
0과 1 사이 무한한 확장이라 믿었다

끝없이 벌어지는
도깨비의 두 다리

길고 긴

침묵

∞

절벽 앞에서 차를 멈췄을 때
헤드라이트가 잘라내는 허공
커다란 눈동자

그 눈이 목격한 모든 것을
다 알게 될 때까지
살아야 한다

그것이 내가 가진 축복이자 저주

흩어진 검은 구슬
숨

하늘에 닿을 듯한 고목
그 아래 너를 묻고 돌아설 때조차

눈은 그치지 않았다

미소 짓는 도깨비의 아름다움

심해로 가라앉는
나의 잘린 두 손이 쥐고 있던 것

∞

자라나는 두 귀가
듣는 소리

눈
   눈
      눈

쏟아지는 심장 속 충계

발문

가이드

김승일
(시인)

 나는 백은선 시인에게 언젠가 시집 해설을 나에게 맡겨 보면 어떻겠느냐고 제안한 적이 있다. 시간이 꽤 흘렀고 결국 쓰게 되었다. 흥미로운 발문이나 평론을 줄 수 있을 거라고 생각해서 제안한 건 아니었다. 내 구상은 아주 소박한 것이었다. 나는 내 친구 백은선과 백은선의 시를 독자들이 어떻게 대우했으면 좋겠는지, 어떤 자세로 마주했으면 좋겠는지 안내하고 싶었다. 제안이라고 해도 좋을 것이다. 부탁이라고 해도 좋을 것이다. 명령을 하고 싶지는 않다. 여러분은 백은선의 시를 읽으면서 불행해져야 한다. 당신이 불행하지 않다면 백은선만 불행할 것이기 때문이다. 그러면 백은선은 혼자 있게 된다.
 백은선을 마주하면 항상 백은선이 들려준 이야기가 하나 떠오른다. 어느 날 밤, 백은선은 자신의 어린 아들이 곤히 잠든 것을 확인하고 잠시 밖에 나가 늦은 저녁을 먹었다. 돌아오니 아들이 울고 있었다. 아이는 당장이라도 엄마를 찾으러 갈 기세였으나 너무 어려서 현관문 여는 방법을 몰랐다. 아이는 악몽을 꾸고 일어난 참이었다. 오래 나가 있지도 않았는데, 어딜 갔었느냐고 물으면서 계속 울더라고. 세상에 혼자 남겨진 느낌이란 늘 이유도 모른 채 버려졌다는 감각과 같은 것이구나. 누구나 어렸을 때 직접 겪어봤을 법한 얘기인데, 나는 왜 이 이야기를 잊지 못할까? 어쩌면 백은선이 이야기를 들려주면서 지었던 표정을 잊지 못하는 것인지도 모르겠다. 그건 세상에서 가장 큰 죄를 지은 사람의 표정인 동시에 가장 침착한 사람의 표정이었다. 짐짓 안심한 사람의 표정이기도 했다. 이해받고, 도움받은 사람 같았다.

나는 『비신비』를 읽은 여러분이 철저히 버려지기를 바란다. 백은선이 버려진 곳에 똑같이 버려질 필요는 없다. 그냥 백은선에게 도움을 줄 수 있기를 바란다. 당신이 불행하기를 바란다. 불행을 맛보기 전에 먼저 고통스러웠으면 좋겠다. 고통받기 위해 당신이 꼭 해줘야 할 일이 있다.

    그런 이야기는 너무 쓸쓸해서 어쩐지 눈물이 날 것 같지. 난 사실 한 사람 한 사람이 하나의 돌림노래 같다고 생각했어. 어떤 사람은 노래를 들어. 내내 무엇을 하든 배경음악처럼 삶을 끈질기게 따라다녀. 그래서 받아 적는 거라고. 평생 자신의 노래를 눈치채지 못하고 죽음에 이르는 사람도 있겠지. 노래를 듣는 사람은 평생 노래를 온전히 해석해내는 법에 몰두하며 반복하게 되는 거고. 그건 어쩌면 춤이 될 수도 책이 될 수도 때론 그저 삶에 온전히 집중하는 것이 될 수도 있겠지. 그런 사람들은 전부 비슷한 지점을 공유한다고 생각했어. 듣는 사람, 듣지 못하는 사람. 어쩌면 듣는 일은 가혹한 형벌 같기도 축복 같기도 해. 아무것도 모르고 사는 게 더 나을지도 모르는데. 어둠 속에 잠겨 생각하게 되잖아. 어째서 이 모든 것을 알아버린 걸까.
―「노래를 듣는 사람」 부분

이것은 한 번도 만난 적 없던
쌍둥이가 만나는 이야기다
사랑을 질병으로 여기던 시대의 이야기다

빨간 지붕이 늘어선 언덕을 넘고
바다를 지나 숲을 건너는 이야기다

두 손을 앞으로 뻗은
가녀린 식물의 수런거림이다

이것을 읽으면 이전으로 돌아갈 수 없다
―「인간은 신의 알레고리」 부분

여러분이 『비신비』를 돌림노래 취급하길 바란다. 이 시집은 한 번만 읽어서는 안 된다. 계속 읽기를, 낭독하기를, 따라 부르기를 바란다. 당신이 만약 백은선을 직접 만나게 된다면 잘 읽었다는 소감을 전해서는 안 된다. 당신이 해야 할 말은 이것이다. 또다시 읽고 있어요.

이야기와 노래로 구성된 서사시 「인간은 신의 알레고리」는 흡사 잠자리에 들기 전에 부모가 즉석에서 지어 들려주는 동화 같다. 이야기 속에 등장하는 학대, 신체 훼손, 근친, 실패한 혁명의 기억은 잔혹하고 고통스럽기에 아름답다. 한 번도 만나지 못한 쌍둥이 왕녀가 서로의 꿈을 꾼다. 꿈은 쌍둥이가 서로에게 한없이 다가가도록 부추긴다. 외딴 탑에 갇혀 살던 라나는 바다를 건너고, 노래를 지어 부르며, 눈을 도려내어 거래한다. 라나는 하나가 사는 성으로 향하지만 만남은 성사되지 않는다. 라나로 추측되는 "장님 여자가 성벽 아래서 밤마다 부르던 노래가/널리 퍼져/성까지 닿"을 뿐이다.

시의 종착지에서 화자는 청자(독자가 아니다)에게 이야기의 결말을 함께 상상해보자고 권유한다. 세 가지 결말을 상상한 다음, 하나를 골라보자고 제안한다. 끔찍한 결말과 덜 비극적인 결말, 썩 괜찮은 결말이 준비된다. 화자는 독자에게 자신이 어떤 결말을 골랐는지, 청자가 무엇을 골랐는지 알려주지 않는다. 화자와 청자가 서로 같은 결말을 골랐다는 사실만을 언급할 뿐이다. 시는 다음과 같이 끝이 난다. "벌써 밤이 깊었네//이제 자자".

잠 뒤에 오는 것은 꿈. 백은선에게 꿈은 드뷔시다. "드뷔시는 부서진 유리가/아닌/부서지는 유리"(「세계의 배꼽」)다. 백은선의 시는 언제나 독자에게 부서진 유리가 아니라 부서지는 유리로서 존재감을 드리웠다. 이제까지 출간된 네 권의 시집에서 백은선은 부서지는 꿈속에 기거했다. 꿈에서 깰 것 같으면 깨지 않으려고 발버둥 쳤다. 끝나지 않는 노래를 부르고 또 불렀다. 그러나 『비신비』에서 우리는 백은선의 변화와 공포를 마주한다. 백은선은 이번 시집에서 자주 이야기의 끝을 선포하거나 상상한다. 밤이 깊었으니 이제 자자고 한다거나 "더는 미워할 것이 없어지면 그땐 무엇으로 살까"(「불행 중독」) 자문한다. 그리고 백은선은 마침내 불행해진다. "마침내 울음을 터뜨린다. 모든 것이 좋다. 나는 너의 마지막 페이지를 본다. 꿈의 바깥에서"(「I'm Finally a Ghost」).

그렇다. 불행은 꿈 바깥에서 시작된다. 꿈속에서는 모든 것이 혼란스럽고 고통스럽지만 동시에 아름답고, 꿈 바깥에서는 아름다움이 사라졌으니 불행하다. 꿈 바깥에서 우리는 헤어졌고, 너는 나를 잊었고, 누구 하나가 죽었기 때문에 불행하다. 여기서 우리는 정신을 차려야 한다. 백은선의 거짓에 속아서는 안 된다. 백은선이 담담히 세상의 진실 같은 걸 알아버린 사람처럼 굴고 있다고 판단해서는 안 된다. 백은선은 분명 당신이 노래를 따라 부르기를 원하고 있다. 백은선이 원하지 않는다면 내가 원한다. 그러니 여러분이 다음으로 해야 할 일은 이것이다. 백은선의 시집을 해로운 시집 취급하라.

백은선은 이야기 바깥으로 도망간 자들을 용서하지 않는다. 꿈 바깥으로 숨어버린 자는 고통을 감내하지 못하는 자이며, 백은선은 그들에게 "끓는 기름을 쏟아붓는 걸 가장 좋아"(「노래는 빛」)한다. 자다가 깨어 부모를 찾는 아이처럼. 왜 내 꿈속에 없었어? 당신을 똑바로 쳐다보며 질문하는 아이처럼. 『비신비』는 당신을 매섭게 응시한다. 『비신비』는 당신에게 질문한다. 나 지금 구름이야? 나 지금 구름을 쳐다보고 있는 거야? 아니면 구름이야? 당신은 뭐야? 당신은 구름이야? 구름을 쳐다보는 사람이야? 대답해.

섬망의 짝인 구름이 흘리고 가는
기억을 모아

[……]

다시 볼 수 없다는 것을
도무지 이해할 수 없었다
—「비신비」 부분

지나가는 구름을 보며 사랑이라고 했잖아 그건 무슨

뜻이지? 무리 지어 뛰어가는 사람들을 보면 무섭다고 그랬잖아

붉은 실을 귀에 걸고 서로의 허리를 묶은 채 멀어지는 사람들

[……]

집에 돌아오니 아이가 물었어 엄마 데스노트를 갖게 되면 누구 이름을 쓸 거야?

난 내 이름이라고 말했고 아이는 슬픈 표정으로
보내줄게
그렇게 말했지
— 「데스노트」 부분

네가 옆에 앉아 말해주면 좋겠다. 심장 모양을 한 구름이 흘러간다고, 빛이 물결을 흔든다고, 새들이 V 자로 날아가고 있다고 말야. 누가 내 무엇을 가져갔는데 나는 그게 뭔지 모른다.
— 「누가 내 무엇을 가져갔는데
나는 그게 뭔지 모른다」 부분

백은선의 시집이 해로운 이유는 다음과 같다. 시의 화

자는 시종일관 당신이 섬망 속에 있기를 바란다. 자신과 함께 있기를 바란다. 구름은 섬망의 짝이므로, 백은선은 당신이 구름이기를 바란다. 만약 당신이 구름을 쳐다보는 관객이라면, 저기 정신착란에 빠진 사람 하나 흘러간다고 입을 아 벌리고 쳐다볼 뿐이라면, 당신은 이 시집을 읽을 자격이 없다. 당신은 무엇인가? 적어도 당신은 의심을 해야 한다.

　백은선 역시 이 시집 『비신비』에서 섬망의 바깥을 종종 언급하곤 한다. "다신 볼 수 없다는 것을/도무지 이해할 수 없"고, 데스노트에 자신의 이름을 쓸 것이다. 많은 것이 끝났고, 끝이 날 것임을 안다. 하지만 그럼에도 시를 쓴다면, 끝을 알면서도 쓰고 있다면, 도대체 너는 무슨 연유로 그러고 있는 걸까?

　너는 자다가 중간에 깼을 때만 뭔가를 잃어버린 것 같다고 생각한다. 너는 매번 중간에 일어난다. 꿈속에서 너는 뭔가를 잃어버린 것 같아 불안하다. 그래서 너는 잊지 않으려고 한다. 하지만 꿈에서 너는 기록할 수 없고 기록되지 않는다. 너는 꿈 밖에서만 기록할 수 있다. 그것이 네가 시를 쓰는 이유다. 예전에 너는 시를 쓰는 시간을 꿈속의 시간으로 여겼다. 하지만 이제 너는 이 시간이 꿈 밖의 시간이라는 것을 안다. 너는 영원히 잠을 자고 싶다. 하지만 영원히 시도 쓰고 싶다. 그리고 내 생각에 너는 이제 정말 미친 것 같다. 너는 지금 네가 구름인지, 구름을 쳐다보는 사람인지 분간할 수 없다. 여기가 섬망 속인지 바깥인지 구분되지 않으니 이제는 정말로 큰일이 난 것이다. 사랑이 끝난 것인지, 사랑을 하고 있는 것인지 너는 영영 분간할 수 없다. 이렇게나 긴 세월이 흘렀는데도. 너는 혹시 끝났을까 봐 두려워하며, 가끔은 모든 고통이 끝났다는 듯이, 다 내려놓은 듯이, 불행에 몸을 맡기다가도. 나를 빤히 응시한다. 모르겠어. 나 정말로 혼자야? 이제 사랑이 아니야? 이렇게 아픈데? 모르겠어.

너는?

거울을 들고 당신 자신의 표정을 쳐다보면서 『비신비』를 읽어라. 이것은 비유가 아니다. 목격자가 되려면 백은선의 목격자가 아니라 차라리 당신 자신의 목격자가 되었으면 한다. 이것은 비유가 아니다. 이 시집은 당신을 응시하고 있다. 백은선의 시집이 해로운 이유는 다음과 같다. 지금까지 내가 부탁한 것을 당신이 하나도 들어주지 않는다면, 이 시집에 가득 찬 백은선의 저주와 원망은 모두 당신을 향할 것이다. 백은선 시의 멋진 점은 거기 비유가 없다는 것이다. 백은선의 저주와 원망은 비유가 아니다.

> 나만 쓸 거야. 이제 내 시에 너는 들어오지 마. 그런 말을 했는데. 나뿐인 눈밭에 남아. 우수수 쏟아지는 잎

잎잎. 더 이상, 더 이상, 더 이상 사랑할 수 없을 때는 끝없이 손가락을 세고. 밤새도록 거리를 쏘다녔지. 영혼을 뒤흔드는 딸꾹질. 물을 안다고 적고 물을 모른다고 말하고 이별을 대할 때는 깨끗한 얼굴로, 딸꾹.

이번 생은 다 끝났어요. 이제 상영관을 나가주시기 바랍니다. 멀리서 아르바이트생이 빗자루를 들고 기다리고 있었고. 엔딩 크레디트가 와르르 무너지는 동안. 온몸을 뒤흔들며. 딸꾹질. 빛의 딸꾹질. 어둠의 딸꾹질. 목소리 목소리가 들려. 말해줘. 한 번 더. 그런 말이 들려올 때. 딸깍, 문 닫히는 소리. 영영 눈밭에 서서. 종말이 온다면.

아니 온 걸까. 마지막 대사를 아직도 기억해. 죽어. 그런 말을 마지막까지 잊지 못해서. 죽어. 죽어. 계속 되뇌던 밤이 있었고. 삶이 한 편의 영화라면. 나의 배역은 무엇이었던 걸까. 노트의 맨 마지막 장에 적혀 있던 질문. 쫓겨나면서. 아무것도 모른다는 얼굴로. 어리둥절해하며. 딸꾹딸꾹. 귀신들이 다정히 어깨를 주물러주는 밤.

―「목격자」부분

말시키지 마, 그 말을 듣지 않으려고 나는 늘 입을 꾹 다물었다. 서걱거리는 소리 톱날이 돌아가는 현장에서 계단을 오르고 또 오르며 뚝뚝 땀을 흘렸다.

 그는 살아 있는 모든 것이 징그럽다고 했다. 흔들리는 나무 아래서 출렁이는 바다 앞에서 내가 두 손을 모을 때마다 그는 혀를 찼다.

꿈에서 깨면
의자에 앉아 나를 내려다보는
섬처럼 외로운 한 사람

한 손에는 호치키스를 들고
입술을 오려줄까?

쏟아지는 눈처럼
쏟아지는 눈처럼

—「지옥 체험관」 부분

 나의 취미는 기만이고 나의 특기는 절망이다. 혹자는 나를 보고 할 줄 아는 게 절망뿐이라고 했다. 중요한 건 절망이 아니라 절망이 도래하는 길인데, 왜 모를까. 진짜 절망뿐이라면 단 한마디 절망이라고 쓰면 될 텐데. 내가 이런 얘길 하면 너는 갑자기 조용해진다. 긍정도 부정도 할 수 없는 사람. 아주 조금씩 움직여 결국 태산을 들어 올리는 사람.

모든 것을 메타포로 말하려는 네가 싫다

네 이름을 전부 지웠어
네가 오해할까 봐

—「의미 없는 삶」 부분

  당신을 입 닥치게 하는 것. 내 삶에 존재할 수 없게 하는 것이 아니라, 아가리를 박탈당한 채로 존재하게 하는 것. 그것이 백은선의 저주다. 당신이 시집 『비신비』의 목격자라면, 백은선을 심판하는 판사인 척 군다면, 제멋대로 백은선을 메타포 취급한다면, 그러니까 풀어야 할 퍼즐 정도로 취급한다면. 백은선도 당신을 메타포 취급할 것이다. 우리가 '취급'한다면, 우리는 백은선의 꿈속에서 입과 이름을 잃은 채 등장하게 된다.
  당신은 헤어진 애인의 꿈에, 한없이 친밀했던 친구의 꿈에 등장한다. 그러나 당신을 사랑했던 그 사람은 당신을 애도하기 위해 당신을 꿈에 초대한 것이 아니다. 당신을 고통스럽게 하려고 출연시킨 것도 아니다. 당신을 잊는 것이 불가능하지만, 치욕스럽게도 당신을 사랑하지 않는 일마저 불가능할지 모르지만, 당신에게 대사를 부여하지 않는 일은 가능할 것이다. 자식과 절연한 부모처럼. 백은선은 전보다 침착할 것이다. 당신의 침묵 앞에서 백은선도 영원히 침묵할 것이다.

백은선의 침묵이 두렵다면 이 시집 『비신비』를 노래하라. 고통받으라, 전부를 읽었다고 속단하지 말라, 죽고 싶다는 백은선의 말에 속지 말라, 목격자가 되지 마라, 해로워져라, 숨지 마라. 만약 백은선이 당신의 몸에 뜨거운 기름을 뿌린다면 기뻐해도 좋다. 당신은 아직 눈물을 흘릴 수 있고, 소리 지를 수 있다.

> 그리고 눈 감고 합창하기
> 난 다 안다 어떤 게 누구 목소리인지
> ―「소녀 경연 대회」부분

시인은 두 부류로 나뉜다. 인간이 아닌 것을 쓰는 시인과 인간적인 것을 쓰는 시인이다. 하지만 백은선은 비신비를 쓴다. 그건 인간이 아니게 된 것의 인간적인 부분이다. 나는 그 부분에 이토록 강박적으로 집착하는 시인은 본 적이 없다. 나는 항상 백은선의 시 앞에서 말을 잃는다. 백은선의 원망 때문이다. 백은선을 향한 존경심과 질투심 때문이다. 백은선의 사랑에 진저리가 쳐지기 때문이다. 나는 언젠가 꼭 반성문을 써야 한다고 생각했다. 그래서 쓰겠다고 했다. 쓸 수 있도록 허락받았다. 그래서 이 글을 썼다.